SÓ NÃO É RICO

QUEM NÃO QUER

No Século XXI

MARCELO VEIGA

ISBN-13: 978-1532979743
ISBN-10: 1532979746

DEDICATÓRIA

Para meu filho Filipe, meu melhor amigo de sempre, companheiro, grande orgulho e alegria da minha vida, por ser minha inspiração em deixar um legado que realmente lhe seja útil em sua vida.

SUMÁRIO

AGRADECIMENTOS

Agradeço não apenas este livro mas toda a minha vida,
a Jesus Cristo meu Deus e meu Salvador,
e a minha esposa Késia, minha companheira,
parceira, melhor amiga e incentivadora maior
de todas as minhas conquistas

Introdução

Passada a Era da Informação, com o fim da 3ª Revolução Industrial, adentramos agora na 4ª Revolução Industrial, inaugurando a Era da Hiperconectividade, onde a velocidade da internet vem permitir acesso a investimentos online em qualquer Bolsa de Valores do mundo e a novas formas de se trabalhar conectado, que podem gerar fontes de renda muito maiores que as antigas formas de emprego tradicional.

Conhecer e ter acesso a estas formas de enriquecimento financeiro tão facilmente acessíveis hoje, faz do tão almejado sonho de ficar rico, uma meta que só não alcança quem não quer. Se você sonha em enriquecer, este livro é leitura obrigatória para você, sob o risco de não o fazendo, a pobreza em sua vida, passar a ser culpa totalmente sua.

Prefácio

"Um dos homens mais ricos do mundo diz: Ninguém tem culpa de nascer pobre, mas se você morrer pobre, a culpa é totalmente sua". (Bill Gates).

A vida da maioria das pessoas tem como tema principal a sobrevivência e ganhar dinheiro, de preferência ficar rico tem sido a preocupação número um. Trabalhei em muita coisa ao longo de minha vida, optei por fazer somente o que gostava, aprendi a ganhar dinheiro, muitas vezes foram quantidades expressivas mas ainda assim fui a falência mais de uma vez.

Mas depois de me dedicar como jornalista, advogado e consultor financeiro a pesquisa incessante ao tema enriquecer durante anos, finalmente obtive o resultado que pretendia. Não que já tenha atingido o quanto acho que posso ainda ganhar, mas ultrapassei a linha da independência financeira e rumo firme para o alvo.

Ao me deparar com meu tão almejado sonho, percebi tantas pessoas que amo ao meu redor, errando nas mesmas coisas que eu havia falhado e que também as impede de conquistar os mesmos sonhos. Mais difícil ainda foi perceber que depois de tanto sofrimento para alcançar minhas conquistas, hoje conhecia atalhos que simplificariam tanto a vida dos que ainda estão buscando a prosperidade.

Por isso, resolvi que era a hora de deixar meu legado de alguma forma, e escrever minha experiência em livro era o primeiro passo. O resultado você está prestes a descobrir nas próximas páginas e rogo a Deus que lhe abençoe com a inteligência e capacidade para aproveitar cada conhecimento adiante em grande proveito para a construção da sua riqueza.

Marcelo Veiga

1. RIQUEZA OPCIONAL

"A única limitação real em suas habilidades está no nível de seus desejos. Se deseja algo com a força suficiente, não haverá limites para o que possa conseguir.' Bryan Tracy

Já lhe passou pela cabeça que não importa o quanto você ganha por mês mas que é possível enriquecer fazendo as coisas certas?

Já lhe ocorreu que no mundo da internet da Era da Informação, milhões de pessoas estão enriquecendo, fazendo o que gostam e você pode ser mais um deles, trabalhando de casa ou de qualquer outro lugar, apenas algumas horas por dia?

Você já imaginou que podem existir investimentos financeiros seguros, muito melhores que os oferecidos por seu banco, e que podem lhe fazer ficar rico com pouco dinheiro e pouco tempo?

Você sabia que estes investimentos podem estar muito mais acessíveis e perto de você, do que jamais imaginou?

Você sabia que não importa o quanto você ganha por mês, porque para enriquecer com investimentos, é possível começar com muito pouco e ficar rico?

Você já imaginou que é possível ter liberdade de tempo, de lugar e de pessoas com quem você quer trabalhar? Já imaginou poder escolher quanto tempo trabalhar por semana, de que lugares do mundo e com quem?

O Futuro Dos Sonhos É Agora

Saiba que tudo isto é possível e está muito mais perto de você do que imagina. A Era da Informação nunca ofereceu tantas oportunidades de trabalho e de ganhar dinheiro como hoje.

Se você perdeu seu emprego, não tem um ou está com o seu ameaçado, não se preocupe, invente o seu próprio trabalho, seja seu próprio patrão, trabalhe quanto tempo quiser e de onde quiser, fazendo apenas o que gosta, desde que haja uma conexão da internet.

Saiba como iniciar um negócio digital milionário partindo do zero, ou se você já tem um negócio, produto ou serviço, como transformá-lo do mundo físico para o digital, tirando todo o potencial lucrativo dele.

É a 4ª Revolução Industrial, ela veio para ficar, para acabar com empregos e para fazer do trabalhar um prazer, algo que te realiza e que ainda ajuda muitas pessoas.

Se você ainda vive no modelo antigo de trabalho, pode parecer algo impossível mas é esta a realidade de milhares de pessoas conectadas online neste novo tempo, que estão trabalhando por prazer e enriquecendo.

Como Enriquecer

Por que tantas pessoas não ficam ricas em um mundo com tantas oportunidades? Por que tão poucas pessoas alcançam a independência financeira por conta própria, enquanto tantos outros provam que é possível enriquecer e conseguem?

A verdade é que existem motivos para as pessoas não enriquecerem, porque fazer fortuna é possível para absolutamente todas as pessoas.

O primeiro passo é saber onde estão errando para se consertar, e então poder seguir na direção correta. O palestrante motivacional e autor Brian Tracy, define os motivos que as pessoas não enriquecem da seguinte forma:

Acreditar

A primeira razão pela qual as pessoas não enriquecem é porque elas acham que isso nunca vai acontecer com elas. A maioria das pessoas cresce em famílias onde nunca foram apresentados ou conheceram pessoas ricas.

Na escola, conhecem pessoas que não são ricas, trabalham com pessoas que não são ricas e seu círculo social fora do trabalho é de pessoas que também não são.

Isto acontece com pessoas que não tem modelos, padrões ou exemplos de pessoas ricas em suas vidas. Se isso aconteceu com você durante seus anos de formação de vida, você pode ficar adulto e nunca lhe ocorrer como pode ser tão fácil se tornar rico e próspero para qualquer um.

Por isso quem nasce em lares onde os pais são ricos, tem maior probabilidade de se tornarem ricos quando adultos do que quem nasceu em lares que não são. Mas, isto pode ser mudado.

E por que não lhes ocorre que isto possa lhes acontecer, nunca tomam qualquer atitude necessária para que isso se torne realidade um dia, não tomam a decisão de serem ricos, pois não acreditam que poderão um dia ser. Repetem mentalmente em seus padrões subconscientes, os mesmos modelos a que foram expostos ao longo da vida.

Decisão

Outro motivo pelo qual as pessoas não se tornam ricas é que elas nunca tomam a decisão de ficar ricas. Mesmo que uma pessoa leia um livro mostrando que isto é possível, que assista a uma palestra, ou mesmo que ela entenda que seja possível ficar rica, ela não toma a decisão de ficar.

Se ela não der o primeiro passo e tomar a decisão de ficar rica, ela acaba ficando como ela é. Se você continuar a fazer o que você sempre fez, vai continuar a receber o que você sempre recebeu.

A maior razão para o fracasso é que a grande maioria das pessoas não decidem ser bem sucedidas. Elas não se comprometem com o sucesso, elas não tomam uma decisão definitiva, de que vão realmente ficar ricas.

Elas tem vontade, gostariam e esperam que fiquem algum dia. Elas desejam, sonham e rezam para que um dia ganhem muito dinheiro, mas nunca decidem, que agora farão as coisas necessárias para conseguir isto. Esta decisão é o primeiro passo essencial para qualquer pessoa que um dia queira realmente se tornar financeiramente independente.

Preguiça

Outra razão pela qual as pessoas não ser tornam ricas é a procrastinação. As pessoas sempre têm uma boa razão para não começar a fazer, o que elas sabem que precisam fazer para alcançar a independência financeira.

Sempre há um desculpa para adiar, começar depois, "hoje não deu". Ou a culpa é da crise, da economia, mas sempre tem uma desculpa para adiar, para postergar fazer aquilo que todos que ficam ricos fazem.

E assim elas vão adiando mês a mês, ano a ano, até que seja tarde demais. Mesmo que tenha passado pela cabeça de alguém que ela possa se tornar rica, e que ela tome a decisão de mudar, a procrastinação vai adiando eternamente todos os seus sonhos.

Disciplina

As pessoas também se aposentam pobres porque não querem pagar o preço de enriquecer. Elas cometem este erro constantemente, toda vez que querem gratificar seus egos, gastando o que não tem. A maioria das pessoas sucumbe a tentação irresistível de gastar cada centavo do que tem, é algo compulsivo, parece que olhar qualquer quantia na carteira ou no saldo do banco, se traduz no pensamento de quanto eu tenho para gastar.

Não passa na cabeça da maioria dos pobres e da classe média endividada, pensar o quanto tem para investir. E na grande maioria, por não terem esta disciplina para enriquecer, fazem a leitura do limite dos cartão de crédito, pensando que tem aquilo a mais para gastar, e é ai que literalmente começam seus suicídios financeiros pessoais, destruindo economias, recursos, pagando juros absurdos para enriquecer banqueiros, e destruindo suas vidas, seu futuro e seus relacionamentos.

Se você não pode adiar a gratificação, e disciplinar-se a abster-se de gastar tudo o que você ganha, você não pode tornar-se rico. Se você não pode praticar o orçamento como um hábito ao longo da vida, será impossível para você alcançar a independência financeira.

É simples assim:

"Se você não pode economizar dinheiro, jamais poderá ser rico. E se um dia por acaso ficar, voltará para a pobreza, é só questão de tempo".

Você sabe economizar? Se sabe ou quer aprender, vai precisar depois saber investir. Vamos aprender?

Perspectiva

Estudos norte americanos sobre fatores que levam as pessoas a subirem de classe social, revelaram outra razão, se não a mais importante, pela qual as pessoa não enriquecem, que é a falta de perspectiva a longo prazo.

Isto significa, a quantidade de tempo que você leva em consideração, ao planejar atividades diárias, que influenciarão as tomadas de decisões importantes da sua vida futura. Perspectiva de tempo significa o quão longe você consegue se projetar para o futuro, quando você decide o que vai fazer ou não fazer no presente.

Um exemplo de perspectiva de longo prazo é o hábito de casais que poupam mensalmente para o futuro dos estudos dos filhos. Estas são pessoas que tem perspectiva de longo prazo. Eles sacrificam o curto prazo para garantir melhores resultados a longo prazo. Pessoas com perspectiva de longo prazo, quase invariavelmente, sobem de classe econômica no decorrer de suas vidas.

Como está seu poder de decisão, sua disciplina e a sua perspectiva para seu futuro?

Conclusão

Doa a quem doer, as pessoas não enriquecem por falta de fé, por não tomarem a decisão, por não terem disciplina, por falta de perspectiva e por preguiça. As pessoas não enriquecem porque não acreditam que podem, porque não tomam a decisão de enriquecer, não assumem o compromisso de enriquecer, porque procrastinam, porque lhes falta força de vontade e disciplina, e porque não conseguem enxergar a longo prazo nem suas vidas nem os frutos de se investir.

Por isso o primeiro passo é acreditar, em seguida buscar Educação Financeira, conhecer bem sobre investimentos e se quiser acelerar o processo rumo a fortuna, aprender a empreender e hoje isto não se faz sem o mundo digital, com suas redes sociais e conexões online. É preciso pensar fora da caixa de eternos empregados robotizados, para o mundo exterior das possibilidades financeiras e eletrônicas.

Pode-se concluir então que a base do enriquecimento é mental, a gente começa a enriquecer pode dentro, acreditando que pode, fazendo o que deve, focando, estudando e agindo. Para isso, antes de tudo, temos que trabalhar o pensamento, transformando nossa mente, criando em nós um espirito milionário e abolindo qualquer pensamento limitador ou de pobreza.

Se você chegou até aqui, saiba que através de exemplos práticos de pessoas reais este livro abordará a diferença de pensamento entre ricos e pobres, como pensar como os ricos, como sair efetivamente das dívidas de forma definitiva, os fundamentos da Educação Financeira, dos investimentos sofisticados como a Bolsa de Valores, onde encontrar dicas confiáveis sobre investimentos e uma abordagem geral a respeito da 4ª Revolução Industrial, e suas inúmeras novas possibilidades de se ganhar muito dinheiro com empreendedorismo e marketing digital.

5 Passos Para Enriquecer

1 – Acredite com força que você pode enriquecer. Leia e informe-se mais a respeito para conhecer estas possibilidades e reforçar suas crenças

2 – Comprometa-se verdadeiramente com o sucesso. Não aceite outra opção. Ninguém mais fará isso por você.

3 – Esqueça qualquer tipo de desculpas, elas não existem. Qualquer uma pode ser substituída pelo agir e pelo fazer. Existem apenas dois tipos de pessoas, as que fazem e as que dão desculpas. Faça seu sucesso acontecer.

4 – Pratique o orçamento diário, adie as gratificações pessoais, economize dinheiro e aprenda a investi-lo.

5 – Pense no longo prazo, seu futuro você constrói agora.

2. A MENTE AFORTUNADA

"Aquele que não luta pelo futuro que quer, deve aceitar o futuro que vier"

De acordo com o bem sucedido treinador motivacional e financeiro T. Harv Eker:

"Ficar rico não depende de educação, berço, inteligência, talento, oportunidade, de métodos de trabalho, de contatos, de sorte, muito menos de escolhas de profissões, empregos, negócios ou investimentos. Ficar rico depende apenas do modelo pessoal de riqueza que as pessoas trazem gravadas em seu subconsciente. Se a pessoa não estiver programada mentalmente para a riqueza e prosperidade, ela jamais enriquecerá, e se isso acontecer, provavelmente perderá tudo que conquistou".

A afirmação acima deve mexer com muita gente. Afinal de contas, ela confronta tudo que se divulga sobre dinheiro e riqueza nos meios da classe média e pobre. Estudar nas melhores escolas não lhe garantirá ser rico, nascer em uma família rica também não, ser muito inteligente não necessariamente faz a pessoa saber fazer dinheiro.

Podem surgir quantas oportunidades boas forem, se a pessoa não as souber aproveitar, de nada terão proveito, conhecer pessoas ricas

15

também não são garantia de que você ficará rico também, nem mesmo a sorte como ganhar na loteria pode impedir que o felizardo torre tudo sem saber multiplicar dinheiro.

Nem ter um bom emprego, saber investir ou negociar, de nada adiantará se você não estiver preparado mentalmente para pensar e agir como as pessoas que sabem gerar e multiplicar dinheiro. E uma vez que se saiba como, ou que se esteja preparado mentalmente para enriquecer, começar do zero mesmo ganhando pouco, será suficiente para gerar uma grande fortuna.

Reformatação Mental

Eker em seu livro propõe uma reprogramação na forma de pensar através da comparação entre o modelo mental dos ricos e dos pobres, como pressuposto básico para se alcançar a prosperidade perene e definitiva, aquela que nem a eventual falta de dinheiro poderá lhe tirar. São muitas as histórias de pessoas que saíram literalmente da mendicância para se tornarem milionários.

Nosso modo de pensar determina nossa ações e consequentemente nosso resultados. Riqueza, saúde, doença e peso são resultados de coisas que pensamos e fazemos. Nosso exterior são a vitrine de nossos pensamentos, ações e conhecimentos. Somente pensando e agindo como ricos teremos chance de nos tornarmos mais um.

Precisamos mudar nosso subconsciente contaminado com padrões mentais de pobreza, com influências de pessoa pobres ou que nunca conseguiram enriquecer, precisamos nos mirar nos padrões, mentalidade e influências daqueles que enriqueceram, daqueles que já chegaram lá e construíram fortunas por si só.

Influências de infância, família, escola, amigos moldam o que somos hoje. Precisamos identificar crenças prejudiciais à prosperidade pessoal, e transformá-las para sermos bem sucedidos e aprendermos a não apenas fazer crescer o dinheiro mas conservá-lo. Precisamos entender que mais rápido nosso dinheiro irá crescer, quanto maior for nosso conhecimento sobre ele. Conhecimento e informação são o melhor adubo para o enriquecimento.

Precisamos primeiro adquirir uma mentalidade de riqueza, um espírito de riqueza, e para isso existem duas maneiras de se turbinar nossa motivação e crença para enriquecermos. Primeiro precisamos acreditar que podemos ficar rico, precisamos entender que nossos sonhos de prosperar e enriquecer são legítimos e que foram incluídos em nosso projeto original, por isso são naturais, normais, saudáveis e louváveis de serem alcançados e possíveis de serem atingidos.

Nosso criador quando fez os nosso sonhos, nos fez com todos os atributos necessários para realizá-los, e nos concedeu todas as ferramentas para consquistá-los.

Reeducação Pessoal

Em seguida, precisamos adquirir Educação Financeira, conhecimentos financeiros sobre investimentos, sobre empreendedorismo, vendas, contabilidade, impostos, entre outros temas, para então o dinheiro passar a ser consequência de novas atitudes e hábitos que vamos ter.

Os pobres e a classe média vivem culpando a crise ou o governo por suas condições financeiras, e não percebem que geração após geração, isto nunca foi solução, o governo jamais lhe proporcionará isto. Ao passo que os ricos se preocupam com a competência financeira, a competência gerencial dos negócios e de gestão de patrimônio.

Enquanto os pobres acham que é preciso ser rico para saber ou poder investir, os ricos não perdem a oportunidade de investir desde pequenas quantias, nem de investir constantemente em mais Educação Financeira.

Meu avô, um português que veio para o Brasil fugindo do exército de seu país em 1917, porque enviavam os jovens para guerras nas colônias, chegou aqui apenas com o curso primário, viajando no porão de um navio para pagar sua passagem e foi trabalhar no botequim de um patrício.

Quando faleceu, tinha construído um patrimônio de mais de 100 imóveis. Soube disso anos depois de sua morte quando ao ingressar na faculdade de direito aos 38 ano de idade, pedi sem saber, estágio a um advogado que tinha sido por coincidência, o advogado de meu avô.

Quando soube quem eu era, Dr. Antônio, pai de um grande amigo meu, me confessou que ele nunca tinha conhecido um homem como meu avô, com mais de 100 imóveis, e tinha sido ele o administrador destes bens.

O resto de minha família nunca soube destes detalhes, porque quando meu avô morreu, ele tinha uma concubina a mais de 17 anos que ficou com 90% do patrimônio em vida. Restaram 10 imóveis para serem divididos entre duas filhas, mais os advogados e o inventariante que cobrou caro para o processo andar, ou seja, sobrou muito pouco, e a maioria dos herdeiros, sem Educação Financeira, estão terminando de acabar com o pouco que sobrou em um litígio interminável.

Estas e outras me fizeram vir a estudar direito, que espero convencer meu filho de também estudar, porque para quem tem interesse em dinheiro, creio ser de suma importância saber defender-se juridicamente, tanto mais, quanto maior for seu patrimônio.

Meu avô era especializado em construir imóveis e comprar ações. Um homem que chegou no Brasil pobre, sem pai nem mãe, na segunda década do século XX, quase sem estudos, terminou a vida deixando 100 imóveis e ações, falando 5 idiomas os quais aprendeu sozinho numa época sem internet. Como dizia minha mãe, seu avô educou-se e refinou-se, era um homem fino, educado e bem vestido, que trabalhava incessantemente para construir e investir.

Meu avô foi um referência para mim, miro sua tenacidade em

querer e acreditar que posso vencer, em saber que mesmo tendo nascido com pouco, posso conquistar riqueza e construir fortuna financeira em minha vida.

Estou bem adiantado na conquista de tudo que acho que posso conseguir, mas o importante é que comecei, que já inverti o processo do erro para o acerto, já conquistei minha independência financeira para seguir na direção correta em fazer as coisas que os ricos fazem.

Novas Atitudes Novos Resultados

Enquanto a classe média e os pobres estão se preocupando em ter currículo, os ricos se preocupam em fazer planos de negócios consistentes que possam criar empregos e gerar renda. Ao notar tantas diferenças na forma de pensar entre ricos e pobres, percebi que precisava primeiro trabalhar em mim, a maneira de pensar deles.

Percebi que isto era a força geradora para buscar riqueza, não bastavam as técnicas, não bastava apenas saber mais sobre investimentos, era preciso acreditar que era rico mesmo ainda sem ser. Percebi que quando entendesse e alcançasse isso, a partir daí seria rico mesmo ainda sem ter dinheiro.

As pessoas pobres tanto dizem que são pobres e que não tem dinheiro, que acabam suas vidas realmente pobres, ao passo que o ricos se consideram ricos mesmo sem ter dinheiro, justificando que existe uma diferença entre ser pobre e estar sem dinheiro.

Os ricos sabem que estar sem dinheiro, é uma circunstância passageira, ao passo que ser pobre é algo eterno, em outras palavras, ser rico não é apenas acreditar que é possível ser rico, mas ter a certeza de que vai conseguir sempre fazer dinheiro. Ricos fabricam dinheiro. Ao passo que ser pobre é não saber por onde enriquecer e não estar certo se poderá conquistar isto um dia.

Quando o pobre pensa assim, ele automaticamente não busca os caminhos que levam as pessoas a prosperar, enquanto os ricos batalham incessantemente e obstinadamente para aprimorar conhecimentos financeiros porque sabem que podem e vão ficar ricos.

Ou seja, as pessoas moldam suas vidas de acordo com seus pensamentos. A forma de pensar é o elo entre o desejo e a conquista do sucesso. O modelo de pensamento sobre dinheiro e finanças que você tem em sua mente vai determinar o seu sucesso ou não.

O Sucesso É Interior

Se o seu pensamento não estiver programado para o sucesso, nada do que você faça vai torná-lo rico, nem mesmo ter dinheiro, porque facilmente você perderá tudo. Se você não está pensando adequadamente para ficar rico, precisa reprogramar sua maneira de pensar, isto é prioritário, senão de nada adiantarão os demais esforços. E tudo o que você precisa fazer é copiar a maneira de pensar dos ricos.

Para isso você vai precisar mudar sua maneira de pensar, e esta, para muitas pessoas é a parte mais difícil. Você terá que desaprender muitos conceitos que o tem levado a pobreza, porque não é apenas o que você não sabe que o impedirá de enriquecer mas justamente o que você já sabe errado, porque estas coisas vão atrapalhar você acreditar em coisas novas e certas.

Precisamos acreditar que podemos enriquecer, é preciso ler sempre sobre o assunto, buscar referências de pessoas que conquistaram fortuna partindo do zero, fortalecer nossas crenças porque são elas que geram nossos pensamentos baseados naquilo que acreditamos.

Estes pensamento gerados pelo que acreditamos, por nossas crenças, por sua vez, geram em nós, as nossas emoções e são estas emoções que nos motivam a agir ou não. E este agir, são as ações que geram os resultados que colhemos em nossa vida.

As pessoas que pensam grande, otimistas em relação ao que crêem que possam conquistar, são pessoas que vivem conscientemente ou não este pensar cíclico. Buscam as razões para crer, cujas crenças geram pensamentos, que geram emoções, que geram as ações que vão gerar os resultados pretendidos.

Resultados estes que realimentarão outra vez estas mesmas crenças, gerando um círculo contínuo, cuja atitude passa a ser a energia essencial da produção de riqueza, sem a qual, educação, berço, inteligência, talento, oportunidade, métodos de trabalho, contatos, sorte, profissões, empregos, negócios ou investimentos, de nada adiantarão. Não podemos permitir que sejamos programados mentalmente pelos outros. Seja pela família, autoridades ou a mídia.

Ricos X Pobres

Entre algumas das diferenças de mentalidade entre ricos e pobres, entre ricos e a classe média, podemos citar que:

Enquanto pobres acreditam que as coisas acontecem em suas vidas, os ricos tem a certeza de que são eles que criam suas próprias vidas.

Sempre que os pobres entram no jogo do dinheiro, é para não perder, enquanto os ricos entram no jogo para ganhar.

Enquanto os pobres gostariam de enriquecer, os ricos assumem o compromisso de fazer fortuna.

Os pobres se contentam em manter o que possuem, enquanto os ricos se dedicam a fazer dinheiro em larga escala.

Enquanto pobres só pensam em problemas, os ricos focam nas oportunidades.

Os pobres guardam ressentimento de quem é rico e bem-sucedido, enquanto os ricos admiram outros indivíduos também ricos e bem sucedidos.

Enquanto pobres acham que já sabem de tudo, os ricos se aprimoram e adquirem conhecimento todo o tempo.

Quando os pobres se deixam paralisar pelo medo, os ricos estão agindo apesar do medo.

Os pobres administram mal o seu dinheiro, enquanto os ricos administram bem o deles, desde pequenas quantias até as maiores.

Enquanto os pobres focalizam suas rendas mensais, os ricos estão focados em seu patrimônio líquido.

Os pobres pensam que podem ter uma coisa ou outra, enquanto os ricos tem certeza que podem ter ambas ou mais.

Enquanto os pobres preferem ser remunerados por seu tempo, os ricos escolhem ser remunerados por resultados.

Enquanto os pobres são péssimos recebedores de dinheiro, prêmios ou presentes, os ricos são excelentes recebedores de tudo isso.

Enquanto os pobres recebem seu dinheiro e pagam primeiro suas contas e suas gratificações pessoais, os ricos pagam-se antes a si mesmos, investindo para o futuro, adquirindo Educação Financeira, separando para o longo prazo, para as emergências, doando para causas humanitárias, para por último, pagarem suas contas mensais ou se gratificarem.

7 Passos Para Pensar Como Rico

1 – Crie para si a vida que você deseja e entre no jogo do dinheiro somente para ganhar. Quem corre atrás não passa adiante.

2 – Assuma um compromisso com a fortuna e com a Educação Financeira.

3 – Fabrique dinheiro em larga escala, pense em produção em série e em automação de renda.

4 – Foque nas oportunidades e não nos problemas.

5 – Pense como rico e bem sucedido e admire as pessoas assim.

6 – Pratique o orçamento e foque no seu patrimônio líquido.

7– Pague-se sempre em primeiro lugar.

3. EDUCAÇÃO FINANCEIRA

"O meu povo sofre porque rejeitaste o conhecimento"(Oséias 4, 6)"

A Educação Financeira é um conceito moderno e extremamente pouco absorvido pelas pessoas, ela não está incluída nos currículos escolares nem universitários, sequer nas graduações de economia e administração, apesar de sua extrema importância na vida pessoal de cada cidadão.

Estima-se que este fato ocorra como consequência de um sistema financeiro mundial voltado para o lucro das instituições bancárias, apoiados pela publicidade e lobbies governamentais, os quais se interessam apenas em capitar a renda da população desinformada, para aplicarem eles próprios estes recursos em investimentos sofisticados e devolve-lo ao povo com juros baixíssimos e irrelevantes, em um sistema que apenas beneficia a eles.

Por isso torna-se nosso dever buscarmos nossa própria Educação Financeira, para aprendermos a administrar bem nossos rendimentos, nossas decisões de poupar, de investir, consumir e ajudar a prevenir enganos. Esta educação se torna cada dia mais importante e essencial, na

27

medida do crescimento da complexidade dos mercados, dos novos produtos financeiros e das mudanças demográficas, econômicas e políticas.

A Educação Financeira surge da necessidade de conhecermos cada dia melhor, possibilidades de investimentos mais rentáveis do que os pacotes de opções de investimentos oferecidas por bancos e seus gerentes como se estes fossem as únicas alternativas seguras para fazermos nosso dinheiro crescer e trabalhar para nós. Ninguém enriquece investindo em produtos bancários.

A Educação Financeira não se resume em aprender a economizar, cortar gastos, poupar, acumular dinheiro e conhecer investimentos sofisticados. É muito mais que isso. Significa buscar melhor qualidade de vida hoje e no futuro, proporcionando a segurança financeira indispensável para aproveitar os prazeres da vida, enquanto estamos garantidos contra eventuais imprevistos.

Fábula De Riqueza

A famosa fábula da "Formiga e da Cigarra" exemplifica bem nossa questão interior entre desfrutar os prazeres do presente ou garantir a segurança deles por muito tempo. Isto se traduz sempre que somos tentados a gastar sem ter, sacrificando nosso futuro e nos autocondenando ao círculo vicioso das dívidas galopantes, geradas pelos juros compostos que deveriam servir para nos enriquecer, mas que nesta momentânea falta de disciplina pessoal, nos condenam a opressão e a vergonha do endividamento.

A Educação Financeira engloba tudo mencionado anteriormente, mas na mesma importância, implica em mudanças de hábitos, em autodisciplina, a novas atitudes e maneira de pensar, as quais não teremos sucesso sem ajuda especifica e técnica daqueles que já passaram por todos estes problemas e os superaram.

Meu empenho nos livros e cursos sobre Educação Financeira surgiu da necessidade pessoal e da vontade de ajudar quem também lutava com isso. Por esta razão, posso garantir que conheço cada detalhe das dificuldades, tendo passado por mais de uma falência nos negócios, situação esta, que só consegui superar buscando ajuda de literatura técnica fora do Brasil. Não temos um histórico de empreendedorismo bem sucedido, nem de um mercado econômico próspero que nos sirva de base de ensinamento para investimentos sofisticados.

Globalização E Oportunidade

Infelizmente, nem todos no Brasil falam inglês, o que deveriam, vivemos em um mundo globalizado e na era da informação. Não saber inglês ou informática é ser analfabeto linguístico e digital, fica difícil assim querer galgar vôos maiores. Estes devem ser investimentos básicos a quem almeja enriquecer.

Digo isto porque ter acesso a literatura americana sobre Educação Financeira é fundamental. A maioria dos conhecimentos e práticas de meus livros vem do que aprendo com profissionais da área financeira internacional, do país que é a maior economia do mundo, a locomotiva da prosperidade do planeta, os Estados Unidos da América. Temos tudo a aprender com eles sobre dinheiro.

Por isso antecipo estes conhecimentos para a língua portuguesa, mas de qualquer forma, a título de engrandecer seu conhecimento, relaciono alguns dos principais livros dos quais tenho lido ultimamente ou considero importantes para seu aprimoramento pessoal, tanto em português como em inglês, na bibliográfica ao final desta obra. Todos de suma importância para você conquistar sua independência financeira e caminhar rumo a uma sólida riqueza.

Um dos autores indispensáveis de minha lista é Roberto Kiyosaki, autor de Pai Rico Pai Pobre. Este livro foi muito divulgado no Brasil, eu não o li na época do seu lançamento por pura falta de interesse na ocasião. Mas quando me vi realmente dedicado a aprender a enriquecer, não apenas o li minuciosamente, como também li toda a coleção do autor de cerca de quatorze livros e posso dizer que Robert foi um marco na minha vida como mentor financeiro. Mudei conceitos errados enraizados, descobri princípios totalmente novos e revolucionários e se você ver os livros que comprei dele, são todos rabiscados, marcados e já foram relidos todos algumas vezes.

A Nova Contabilidade

Apenas para citar um exemplo, Robert é de uma corrente de

conselheiros financeiros que prega que os pobres e a classe média tem conceitos errados arraigados que os impedem de enriquecer por falta de Educação Financeira. Ele afirma que comprar a casa própria não é nunca um investimento, mas sim uma grande dívida. A base para este raciocínio é de tamanha simplicidade que nos faz parar e reconsiderar tudo que achávamos a respeito de contabilidade.

Robert e seus seguidores simplificam o conceito contábil de ativo e passivo de uma forma totalmente diferente de tudo que já havíamos escutado na contabilidade tradicional. Ele diz, ativo é tudo que coloca dinheiro no seu bolso, e passivo é tudo que tira dinheiro do seu bolso. Simples assim. Ou seja, ativo é o que te gera renda e casa própria gera dívida sempre maior do que a planejada, especialmente quando você começa a decorá-la.

Os pobres acham que comprar um carro é um investimento para trabalhar, para ter acesso a outras fontes de renda, quando na verdade um automóvel costuma-se dizer que custa o preço de uma família, e é verdade. Casa e carro somente tiram dinheiro do seu bolso e rico não compra dívida nem passivo, somente ativo, somente renda.

Quando os ricos já tem um patrimônio líquido expressivo que lhe coloque bastante dinheiro no bolso, que lhe gere uma boa renda, e somente quando esta renda for grande o suficiente para reinvestimento perpétuo, aí sim, ele começa a pensar em dispor de uma pequena parte para gastar com seus prazeres e passivos.

Uma reportagem recente da conceituada revista Business Insider tem o seguinte título impactante: "Comprar casa é para otário". Isto mesmo, não sou eu que estou dizendo se você já fez esta besteira e ficou ofendido. O texto prega o mesmo conceito de Kiyosaki e diz ainda que só faz sentido comprar uma casa quando alguém já tiver pelo menos uns 20 milhões de dólares investidos.

Isto porque para alguém que está começando a vida financeira, o dinheiro empatado em uma casa que não gera renda, é suficiente para render, bem investido, o bastante para a pessoa morar em um imóvel alugado mais sofisticado e ainda lhe sobrar renda suficiente para iniciar investimentos que lhe proporcionarão segurança e formarão seu fortuna em médio prazo.

Imóveis tem valor muito elevado o qual bem investido facilmente cresce o suficiente para tornar a pessoa rica. Mas os pobres, a classe médias e muitos profissionais de várias especialidades com graduações e pós graduações em seus ofícios, também não conhecem investimentos sofisticados ou possuem Educação Financeira para mudar conceitos como este.

Muitos investidores que conheço assimilaram bem esta mensagem, entre eles, eu, e se desfizeram de seus imóveis para reverter o valor em investimentos sofisticados, e rapidamente mudaram a história de suas vidas financeiras para muito melhor.

Novos Caminhos Novas Descobertas

Uma vez ao recomendar Pai Rico Pai Pobre a alguém, recebi a seguinte resposta: "Esse tipo de literatura não se aplica ao Brasil, ele foi feito para quem vive nos Estados Unidos."

Como não se aplica se ambas as nações são repúblicas democráticas, capitalista e se tudo de bom que nós temos aqui, tem sido copiado dos americanos com um atraso médio de 20 anos?

A própria Bolsa de Valores brasileira está sendo edificada toda com base no sucesso da bolsa americana.

É tudo uma questão de informação e de educação, coisas que só adquire quem lê.

Sobre isto deixo não a minha opinião, mas apenas algumas dos ilustres personagens:

"O verdadeiro analfabeto é aquele que sabe ler mas não lê – Mario Quintana".

"Quem não lê, não pensa, e quem não pensa será sempre um servo, um empregado ou um escravo moderno – Paulo Francis".

"Ler é beber e comer. O espírito que não lê emagrece como o corpo que não come – Victor Hugo".

"O homem que não lê bons livros, não tem nenhuma vantagem sobre o homem que não sabe ler – Mark Twain".

"Um livro é como uma janela. Quem não lê é como alguém que ficou distante da janela e só pode ver uma pequena parte da paisagem – Khalil Gibran".

"Quem não lê não quer saber. Quem não quer saber, quer errar – Padre Antônio Vieira"

A Bíblia diz: "Meu povo sofre por falta de conhecimento, por teres rejeitado a instrução…Oséias 4:6" ou ainda em "E não vos conformeis com este século, mas transformai-vos pela renovação da vossa mente, para que experimenteis qual seja a boa, agradável e perfeita vontade de Deus." Romanos 12:2

Por isso cuidado, viver sem ler é perigoso, te obriga a acreditar no que dizem. Tenho visto muita gente amarga por não querer aprender coisas novas, por não aceitar que a vida é dinâmica e qualquer conhecimento adquirido será suplantado por outros em uma velocidade cada vez maior. É preciso estar aberto às novas possibilidades.

Ao deixar de buscarmos informação e conhecimento sobre nós mesmos, instala-se a ignorância. A vitória do sucesso se dá na conquista de cada momento, de aprender a renovar a própria mente. Infelizmente para muita gente a escola é o fim e não o começo. É justamente a ignorância sobre o dinheiro que causa tanta ambição, insegurança e corrupção.

Se as escolas ensinassem as pessoas sobre dinheiro, haveria muito mais dinheiro e riqueza em circulação, mais preços baixos, mas elas estão preocupadas em ensinar as pessoas a serem trabalhadores, a serem empregados, a serem escravos modernos consumidores de dívida ruim e produtos bancários perversos.

Elas não ensinam as pessoas a terem controle sobre o dinheiro, a fazê-lo crescer, a ensinar as pessoas fazerem o dinheiro trabalhar para elas. As pessoas precisam pensar como banqueiros e não como gerentes.

Enfim, não ler, não conhecer a história, não reconhecer que existem pessoas melhores do que nós ou não se permitir inspirar-se na criatividade alheia ou na sabedoria que ainda lhe seja desconhecida, é negar a vida e as oportunidades. Não desista, mas também não espere soluções rápidas ou milagrosas. Dê um passo a cada dia. Pode não parecer, mas no médio e longo prazo você vai se surpreender com os resultados! Conhecimento é poder!

5 Passos Para A Educação Financeira

1 – Invista em Educação Financeira nacional e americana

2 – Fale inglês e seja um expert em informática.

3 – Busque mentores financeiros nacionais e estrangeiros.

4 – Aja como um rico compulsivo.

5 – Aprenda ao ponto de ensinar e dominará o conhecimento.

4. GUERRA ÀS DÍVIDAS

"Se você realmente quiser fazer algo, você achará um jeito. Mas se não quiser, você achará uma desculpa".

Esta é uma das partes mais difíceis da questão sobre enriquecimento para quem está começando a querer buscar enriquecer, mas apenas pelo fato do desconhecimento sobre técnicas eficientes para solucionar isto.

Sim, é possível sair de dívidas de maneira não tão difícil, uma vez que se compreenda como o remédio funciona e quais são as técnicas altamente eficientes para resolver a questão.

Não é preciso nos alongarmos aqui no fato de que a maioria da população vive endividada, vive vítima da chamada bola de neve das dívidas. Mas vale lembrar que o nome bola de neve não é por acaso, ela se deve a uma fórmula matemática chamada juros compostos, que também é a mesma fórmula que faz as pessoas enriquecerem tão rápido quando se endividam.

A Oitava Maravilha Do Mundo

Ela é tão importante na história e no sistema do enriquecimento humano, que foi chamada pela físico Albert Einstein de a "Oitava Maravilha do Mundo", tamanho o seu poder de acelerar o crescimento dos valores monetários, tanto para menos, como para muito mais.

Não era difícil para mim compreender que mesmo não conhecendo bons tipos de investimentos, saber que a causa de meu endividamento era basicamente gastar mais do que ganhava, e sempre estar enredado por estes tais juros compostos de cartões de crédito ou cheques especiais.

Afinal são todas as opções de crédito fácil que nos empurram goela abaixo como única solução na hora do aperto. É super rentável para os produtores destes serviços criminosamente extorsivos, nos fazer acreditar que devemos usá-los, e eles estão bilionários com isto.

Mas em minha busca por Educação Financeira, lendo uma média de quatro a cinco livros sobre o tema por mês, nos últimos cinco anos, descobri que existem técnicas eficientes para reverter dívidas, e elas são drásticas como demandam a situação.

É preciso antes lembrar que existem dívidas boas e dívidas ruins. Não se desfaça de seus créditos mas aprenda a usá-los em seu favor, não jogue fora seu cartão de crédito mas saiba usá-lo de forma lucrativa. Pode ser difícil senão impossível, para quem não compreende conceitos e princípios básicos sobre Educação Financeira.

Uma das formas de enriquecimento rápido das pessoas que pensam como ricos é a utilização do dinheiro alheio. Os próprios banqueiros vivem disso, pegam seu dinheiro barato, investem ele e te devolvem com um lucro pequeno e menor.

Os ricos não hesitam em pegar dinheiro emprestado para investir em negócios, desde que o lucro seja certo e muito maior do que os juros mais a dívida que fizeram. É simples assim. Fazer dívida para ganhar mais do que o custo do empréstimo. Isto chama-se dívida boa ou dívida inteligente.

Conheço pessoas montadas em metros quadrados valiosíssimos em bairros nobres de grandes cidades que não percebem a fortuna que estão empatando. Meu avô construiu um patrimônio de mais de cem imóveis, começando com um terreno que antes mesmo dele pagar, tinha dado apenas a entrada, ele hipotecou fazendo um empréstimo para construir um prédio sobre o local, dando como garantia o próprio terreno. Fez uma dívida boa e enriqueceu.

Cada vez que ele fazia uma manobra dessas, terminava com inúmeras unidades de apartamentos a mais, as quais ele vendia, alugava ou outra vez dava em hipoteca para construir outros. Lembro do meu avô sempre construindo, estava sempre em obras, tinha seu trabalho, um negócio de venda de material para escritórios e na hora do almoço e finais de semana estava na obra ajudando os peões que trabalhavam para ele.

Sua herança já chegou a duas gerações depois dele garantindo o teto de filhos e netos. Trata-se de um caso clássico de se fazer dívidas boas com inteligência financeira, para fazer mais dinheiro.

A Cura Definitiva Das Dívidas

Essencial neste momento é tratarmos da dívida ruim, esta que assola a maioria das pessoas, que geram tantos males e opressões causadas por puro desconhecimento financeiro. Elas tem cura, pobreza é uma doença e tem cura, mas o remédio tem que ser drástico como extirpar um câncer com cirurgia. Certos males não tem conversa, é tirar ou morrer, e dívida ruim é fatal, destrói pessoas, famílias, relacionamentos e corrói patrimônio como ferrugem de água salgada.

Não me lembro exatamente em qual dos muitos livros de Robert Kiyosaki que eu li, onde ele conta sobre o início da sua jornada para enriquecer, um período em que ele acabou ficando endividado, quando ele desenvolveu a estratégia de se pagar primeiro, pelo menos 30% do que lhe entrava todo mês, independente de qualquer conta a pagar ou despesa fixa essencial.

A princípio a iniciativa parece loucura ou irresponsabilidade, mas insensatez é persistir em uma trajetória a caminho da destruição total. Nesta horas somente uma atitude drástica na direção contrária ao acidente fatal pode funcionar. E foi isso que ele fez. Curiosamente, quando conheci e apliquei esta estratégia com sucesso absoluto em minha vida, foi na época do lançamento nos Estados Unidos do livro "The Automatic Millionaire" de David Bach que também li, agora já traduzido para o português como "O Milionário Automático".

O livro endossa a estratégia de Kiyosaki e foi testada por mim com tanto sucesso, que hoje a prático mesmo sem crise financeira como prática habitual adotada. Assim que entra qualquer dinheiro, antes de olhar contas a pagar ou qualquer outra despesa, pago a mim mesmo primeiro, separando no mínimo 30% do que me entra, muitas vezes é mais, mas nunca menos, e aplico este dinheiro nos meus melhores investimentos. Particularmente gosto de ações de boas empresas a preços convidativos e fundos imobiliários. Mas adiante explico porque.

Renegociação, Excelente Negócio

Esta estratégia endossa também outra prática pessoal e uma teoria jurídica. Começando pela teoria, durante meu curso de direito, o professor da disciplina de Direito do Consumidor e presidente da O.A.B de meu estado, explicou que no Brasil ninguém vai preso por dívida, o que não significa livrar-se de graves sansões pecuniárias.

Ele explicou ainda que em função dos juros abusivos de cartões de crédito e cheques especiais, incentivados por lobby dos banqueiros junto ao congresso nacional, já está embutido no cálculo dos riscos, a inadimplência. Ou seja, mesmo que muita gente não pague, o negócio é tão vantajoso que compensa. Por isso, na hora de renegociar este tipo de dívida, é comum que o credor retire os juros. Fazendo isso ele não tem nenhum prejuízo e é isto que acontece na prática.

Ao indagar o professor se isso seria um incentivo ao calote, ele enfatizou que não, de forma alguma, a recomendação primeira é não gastar o que não tem, não usar crédito quando não pode pagar e quitá-lo sempre em primeiro lugar. Mas reitera que caso não seja possível pagar por algum período, não há motivo para pânico, pois na pior das hipóteses a única consequência mais grave é ficar com o nome negativado por um período, porque na renegociação as condições são sempre mais vantajosas.

Os desavisados ficam aterrorizados vendo os juros crescerem quando na prática não sabem que é mais vantajoso deixar de pagar e estourar seu limite de crédito, resistir as primeiras cobranças com juros abusivos que a instituição financeira irá fazer, e após alguns poucos meses que eles percebam que não vão receber, começam então a fazer as propostas indecentes de retirar todos os juros no caso de quitação à vista. Um excelente negócio para se ver livre das dívidas.

O exemplo acima foi comentado com base na teoria jurídica das dívidas bancárias mais comuns. Já o exemplo pessoal, foi que usei pessoalmente o método de me pagar primeiro, o mesmo do livro "O Milionário Automático", que além de me tirar das dívidas na ocasião, me exercitou na prática de sempre me pagar primeiro. Isto fez com que meus investimentos crescessem muito mais rápido, fazendo com que a renda deles, logo pagasse minhas dívidas atrasadas.

Riqueza Automática

O conceito do livro "O Milionário Automático" é que em primeiro lugar devemos sempre nos pagarmos, automatizando estas contribuições pessoais, fazendo-as sempre em primeiro lugar antes de qualquer outro pagamento.

Trata-se de um conceito extremamente simples, sendo para muitos tão descomplicado e claro que torna-se para outros difícil de acreditar que seja eficaz. Mas por trás desta prática simples, encontra-se uma das grande razões para o sucesso financeiro. Muitas pessoas não conseguem enriquecer porque comprometem antecipadamente toda a sua renda.

Se aplicassem o conceito de se pagar primeiro utilizando transferências automáticas, iriam priorizar seus objetivos futuros em detrimento do consumo excessivo imediato.

Aristóteles o filósofo grego diz que nós somos aquilo que fazemos repetidamente. Por conta disso, excelência não é um modo de agir mas um hábito.

A grande verdade da estratégia de se pagar primeiro de forma automática é que a riqueza não é produto do que ganhamos, mas do que nós gastamos ou deixamos de gastar. A realidade matemática é que pequenas quantias poupadas, investidas e reinvestidas todos mês, são mais do que suficientes para fazer qualquer um rico em poucos anos. Lembre-se sempre: não importa o quanto você ganha, mas o quanto você separa para investir e com qual frequência.

As pessoas pensam que é preciso ganhar mais para ficar rico mas na prática, quando as pessoas não tem o hábito de separar recursos e investir, quanto mais elas ganham mais elas gastam. Sem educação e bons hábitos financeiros ninguém que passe a ganhar mais poupará e investirá mais.

Pagar-se primeiro para investir é o habito que pode tirar a pessoa das dívidas e também torná-la rica. Não importa se a pessoa ganha um salário mínimo. Quem vive com um salário mínimo, vive com um salário menos 30% dele. Qualquer um vive com qualquer quantia menos 30% do que ganha, é questão de força de vontade para enriquecer, só não é rico quem não quer. O que a pessoa não pode é viver sem um plano testado para enriquecer e ver suas dívidas aumentando diariamente a caminho da bancarrota e da falência financeira e pessoal.

Fator Fantástico

Outro fator fantástico nesta estratégia, que testei comigo, e tenho grande prazer neste hábito, é que não importa somente a quantia que você separa habitualmente, mas a sensação edificadora, e de cura interior, em saber que todo dia ficamos um pouco mais ricos e não endividados.

Isto traz um sentimento de fazer a coisa certa que retro alimenta os bons hábitos de poupar, investir, se educar financeiramente, aprender mais sobre investimentos e outros bons hábitos que enriquecem. Importa todo dia poder dizer: "hoje fiquei um pouco mais rico do que ontem". Nosso sucesso é a soma de inúmeros bons hábitos diários.

Para isso é fundamental que automaticamente, sempre que você receber qualquer renda, você separe uma quantia para pagar-se a si mesmo, antes de pagar suas contas, antes de pagar seus impostos, antes de pagar qualquer outra coisa você precisa reservar um dinheiro para você mesmo. Segundo este principio, você vai se forçar a reservar e investir algo para o seu futuro. Se você não fizer isso, ninguém o fará por você.

Quanto maior sua necessidade, maior dever ser a quantia separada. Uma boa média para momentos de crise, é 30% do que você ganha todo mês. Eu comecei com isso quando estava endividado, logo sai das dívidas e criei este hábito, o de nunca deixar de investir menos do que 30% do que ganho, hoje já me é possível investir mais.

A grande vantagem deste método é que nós precisamos criar um sistema de enriquecimento automático que não dependa de seguir orçamentos ou mesmo ter disciplina. Ter disciplina é sempre mais difícil. Se o processo for automatizado funciona, e não precisaremos apelar para ela.

O governo, os bancos, a Receita Federal, trabalham todos no modo automático em cobrar de nós seus serviços e taxas. Precisamos pensar e agir como eles, precisamos pensar e agir como banqueiros, pensar grande, pensar como ricos, agir e usar os métodos que já dão certo com eles. Analisaremos ainda muitos outros.

Precisamos pensar primeiro em nós mesmos, no nosso futuro, no nosso enriquecimento. As dívidas, estas nós negociaremos sem juros quando pudermos, com a renda de nossa própria riqueza conquistada com este método. É uma questão de prioridade. Primeiro é importante enriquecer. E é claro, se educar para não fazer mais dívidas ruins.

5 Passos Para Acabar Com As Dívidas

1 – Entenda o que é dívida boa e dívida ruim

2 – Pague-se sempre em primeiro lugar pelo menos 30% do que receber, antes de pagar qualquer conta, seja ela qual for. Garanta a sua riqueza.

3 – Automatize seus investimentos.

4 – Use a técnica da renegociação para pagar dívidas.

5 – Exercite o Fator Fantástico diariamente.

5. FÁBRICA DE MILIONÁRIOS

"Mercado financeiro não é loteria. Quem aposta, geralmente perde. Quem investe, normalmente ganha". Álvaro Modernell

A Bolsa de Valores faz milionários todos os dias, no Brasil e no mundo, mas aqui, ela ainda é pouco conhecida e chega a ter fama de ser um cassino. Ledo engano de quem pensa assim. A Bolsa de Valores é o motor da economia das grande potencias econômicas, são mecanismos de financiamento de empresas com as economias do povo, que se tornam sócios destas empresas para partilhar com elas seus lucros e sucessos.

A Bolsa de Valores brasileira é uma das mais promissoras do mundo. Ela é jovem, ainda pouco explorada e oferece oportunidades de enriquecimento gigantescas. Para se ter uma idéia da diferença de tamanho entre a bolsa brasileira e a americana, a maior do mundo, a soma do valor de todas as empresas listadas na bolsa do Brasil, corresponde ao mesmo valor de apenas uma empresa norte americana, a Apple. E a bolsa americana tem milhares de empresa em mais de uma bolsa dentro do mesmo pais.

O mais interessante é que no sobe e desce diário das bolsas, seu gráfico tortuoso é sempre ascendente. Mesmo com o subir e descer, ela acaba sempre subindo mais do que desce, o que significa que ela é um bom negócio sempre a longo prazo. Mesmo durante as grandes recessões, até mesmo na grande recessão de 1929 nos Estados Unidos, apenas três anos depois, a bolsa americana já havia superado sua queda e não parou mais de subir.

Temos Muito Que Aprender Com Eles

Nos Estados Unidos, mais de 50% da população investe em ações de forma direta ou através de fundos de ações. No Brasil não passamos de 1% e o motivo tem sido que temos juros muito elevado no país, tornando a renda fixa "aparentemente" interessante.

Mas a tendência é de que cada vez mais pessoas comecem a investir em ações, a queda na taxa de juros favorece, e a maturidade recente da internet tem proporcionado plataformas de operações de compra e venda de ações online, serem cada vez mais seguras, eficientes e fáceis de se operar por conta própria.

Para investidores que querem ter retornos financeiros maiores do que os tradicionais produtos bancários desde poupança, tesouro direto e a renda fixa entre outros, a melhor opção é investir em ações na bolsa. Para quem deseja ter uma aposentadoria tranquila, a Bolsa de Valores oferece alternativas maravilhosas: o investimento em ações e em fundos imobiliários, além de outras opções mais sofisticadas como o investimento em opções, trades diários (este não recomendo), e para os mais experientes, investir nas bolsas internacionais. O investimento em ações é para o longo prazo, mas historicamente já oferece rentabilidade vantajosa logo no médio prazo.

Milionários Que Começaram Do Zero

Todo dia a bolsa esta fazendo milionários no mundo todo, particularmente nas crises. Sim, as crises na bolsa costumam ser as grandes oportunidades de ganhos expressivos rápidos para se comprar ações de boas empresas a preços baixos, que com a normalização do mercado, costumam dar grandes saltos em valor.

Sem truques ou segredos, pessoas comuns enriquecem comprando ações. Quando estes investidores compram ações de uma empresa, não pensam em esperar ela subir para vender, mas em receber dividendos para comprar mais e mantê-las.

O que os leigos não costumam saber é que enquanto outros investimentos geram "uma" rentabilidade somente, "uma" renda pré-combinada anteriormente, mesmo que pós-fixada, a ação rende diversas rentabilidades diferentes e cumulativas. São os dividendos, os juros sobre capital próprio, as bonificações, os desmembramentos e a própria valorização do ativo.

Este tipo de investidor torna-se sócio da empresa e quando escolhe investir em uma bem administrada, colherá todos os benefícios de ser dono dela na proporção de seu quinhão, o que pode parecer pequeno, mas em termos de rentabilidade, faz seu dinheiro investido crescer extremamente mais que qualquer outro investimento bancário tradicional, podendo e fazendo muitos enriquecerem.

Estes milionários de bolsa começaram do zero um dia e não ficaram esperando ter muito dinheiro para comprar suas primeiras ações. Não esperaram piores ou melhores momentos da bolsa para entrar, não entraram inseguros ou com medo de perder tudo porque não investem dinheiro que vão precisar cedo, investem para enriquecerem a longo prazo, para terem uma reserva de proteção financeira que gera sempre mudança para melhor na qualidade de vida.

Este tipo de investidor quando iniciante, já aprendeu a sair de dívidas, a administrar seu cartão de crédito e criar hábitos saudáveis financeiros como pagar-se primeiro e automatizar seus investimentos mensais. É quando a pessoa ingressa no mundo dos investidores sofisticados onde existe muito a aprender sobre investir.

Minha sugestão é começar a operar um pouco em tudo com pequenas quantias, para aprender a manusear as operações, sentir como é perder e ganhar, quantos custam as taxas, os prazos, antes de começar a querer enriquecer.

Buffet, Um Padrão A Ser Seguido

Um exemplo basilar a ser seguido é o do maior investidor do mundo em Bolsa de Valores, o Warren Buffet, não esqueça este nome, ele é um dos que mais tem a ensinar para quem quer enriquecer com ações. Seu diferencial é analisar empresas por muito tempo, tanto as que tem ou que pretende comprar, e ficar sócio delas, não importa quantas vezes o mercado suba ou desça.

No Brasil, as maiores fortunas feitas na bolsa na casa dos bilhões, não teríamos tempo de mencionar tantos outros milionários, são Luiz Barsi e Lírio Parisotto. Todos eles, Buffet, Barsi e Parisotto começaram do zero e são enfáticos em dizer que é possível enriquecer na bolsa, apenas não é rápido nem simples, demanda estudo e disciplina.

É importante saber quando e qual empresas comprar. Deve-se escolher momentos onde o valor da ação é baixo em relação a expectativa de lucro futuro, e de crescimento deste lucro. Para isso é preciso saber identificar estes momentos e isto não é tão simples ou fácil (Ver capitulo 7 sobre o pulo do gato).

A tese ideal é de que a empresa seja perpétua e que o investidor viva de dividendos e outros lucros distribuídos como juros sobre capital próprio, desmembramentos, bônus e valorização da empresa no mercado, reinvestindo tudo rumo ao enriquecimento.

Para o investidor o foco não é o valor da empresa e de suas ações, mas os lucros distribuídos para reinvestimentos em mais ações até o ponto em que se ganha muito mais do que é preciso para viver, mas mesmo assim, é comum vermos investidores de bolsa comprando ações visando uma rápida valorização com dicas, "ditas quentes", de empresas que devem subir rápido. Não é assim que se enriquece na bolsa.

A busca do especialista correto, para aconselhar médicos, advogados, engenheiros, empresários e outros profissionais que não são da área financeira, tem meandros especiais que nunca vi mencionados em livros, mesmo depois de ler dezenas deles focados no setor, tanto da literatura nacional como estrangeira, e que aqui, revelo em primeira mão.

Abordar este aspecto fundamental sobre a fonte das informações de ações certas nas quais investir é uma das preocupações principais deste livro, como veremos adiante.

O Queridinho Da Bolsa

Como já dito, o investidor mais cultuados do mundo financeiro de investimentos em bolsas, no quesito enriquecer com ações, é Warren Buffet, o mega investidor.

Sua história de investimentos a longo prazo, sua humildade e sua capacidade de investir sem os efeitos da emoção, são fatores sempre citados pelas centenas de livros que já se escreveu sobre ele.

Buffet está entre os grandes modelos e ídolos do mundo das finanças e sempre toma decisões segundo princípios básicos difundidos na literatura de investimentos. Ele reitera a prática do investimento de valor, o "Value Investing", a escola de investimentos defendida por Benjamim Graham, guru de Buffet e autor do livro "O Investidor Inteligente".

Graham é conhecido como o arauto da estratégia de investimento "Buy and Hold" (Compre e Segure) de investimentos em ações onde o foco é comprar empresas sólidas com ótimas perspectivas de geração de caixa, e mantê-las no portfolio por longos períodos, objetivando a maximização de lucros e eliminando custos de transações e impostos.

Você deve se lembrar da crise das empresas ponto.com no final da década de 90. Enquanto muita gente comprava ações de empresas de tecnologia que subiam disparadas, Buffet comprava ações da Coca-Cola e dizia: "Nunca invista em um negócio que você não compreenda".

Valorize negócios claros com mercado estabelecido e compreendido, com perspectiva de lucros escaláveis. Fuja das aventuras e trades curtos, que são as técnicas de compra e venda diária, isso sim é fazer da Bolsa de Valores um cassino. Além de desgastante, o trade diário nunca deixou ninguém milionário, mas o "Value Investing" deixa milhares milionários todos anos à décadas.

Qualquer Um Pode Enriquecer Na Bolsa

Um dos maiores investidores da Bovespa, a bolsa brasileira, também tem regras simples para enriquecer com ações. Todo mês o paulistano Luiz Barsi recebe milhões de reais apenas em dividendos pagos pelas empresas que investe.

Barsi costuma dizer que qualquer um pode enriquecer com ações. Basta comprar ações de empresas boas quando estiverem baratas e esperar. No começo será preciso ter paciência para reaplicar o rendimento dos dividendos e outros lucros, todos os meses, e isto será suficiente para que a pessoa enriqueça.

Conselho tão simples, só poderia vir de alguém que já foi pobre e hoje é bilionário. Barsi morou em cortiço na infância, engraxou sapatos para ajudar o orçamento dos pais. Na década de 60 quando conheceu o mercado financeiro, começou a investir e não parou mais. Barsi diz ter aprendido a investir com Warren Buffet, que ao invés de ostentar seus lucros, leva uma vida frugal.

Barsi diz que o melhor momento para entrar na bolsa é durante as crises econômicas porque as ações de empresas boas ficam baratas. Mas ele diz também que independente do momento de entrada na bolsa, é impossível deixar de ganhar dinheiro no mercado de valores se você cumprir três regras básicas.

Primeiro, investir apenas os recursos que você não vá precisar a médio e longo prazo. Segundo, saber onde buscar informação e nunca comprar dicas, seja de amigos, corretores, gerentes de bancos, revistas ou jornais, sejam eles quais forem, de economia ou não. Por último, ter disciplina e paciência para reinvestir todos os dividendos, não se influenciar com o sobe e desce do mercado para não comprar ou vender por emoção.

Barsi afirma que a melhor previdência para aposentadoria esta no mercado de ações e ele tem preferências pessoais quanto a alguns setores da economia para se investir. Ele explica que empresas como Klabin, Eletrobrás, Eletropaulo, Transmissão Paulista, Suzano, Ultrapar, Unipar, Eternit ou Banco do Brasil, não vão quebrar nunca.

Sua preferencia é por setores onde o consumidor paga mesmo sem usar, como na sua conta de luz que você paga taxas básicas mesmo de férias. Bancos são a mesma coisa, você paga todo mês a tarifa de serviço, e ele ainda pega seu dinheiro, lhe remunera a 6% ao ano enquanto empresta a 200% de taxa de juros, no cartão de crédito e no cheque especial. Não tem como não lucrar e muito.

Enquanto um monte de gente sonha em ter seu próprio negócio, sem pensar nos riscos e na dor de cabeça de ser patrão em tempo integral, quem investe na bolsa se torna dono de negócios já estabelecidos que já crescem e que já tem uma equipe de gestão treinada e capacitada. Porque investir em um posto de gasolina se você pode ter 0.5% ou mais de 5 mil postos da Petróleo Ipiranga. Não tem dor de cabeça e você não é assaltado. Se o negócio começa ir mal, você vende suas ações e parte para outra. Simples assim.

Perdedores Da Bolsa

Há três tipos de investidores de bolsa que não vão enriquecer nunca: quem compra ações para especular, quem investe em fundos passivos que apenas seguem o índice Bovespa sem analisar as melhores empresas, ou quem faz trade, opera com opções ou contratos a termo para se alavancar.

O Brasil hoje é um dos melhores países do mundo para se investir, a bolsa brasileira esta engatinhando, seu potencial de crescimento é enorme. Investir nos USA, Europa ou outro continente é mais complicado porque o preço das ações está no seu real valor ou mais alto. Comprar na baixa para vender na alta é outra forma de não enriquecer. Bons investidores compram na baixam e torcem o tempo todo para o mercado baixar mais ainda, quando surgem as melhores oportunidades de se levar muito por pouco. É nestas horas que foram feitas as grandes fortunas na bolsa.

Quem compra ação pensando em vender na alta a pessoa torce

para que ela suba. Este pensamento jamais o fará rico. Já quando você tem um programa de enriquecer em 7 ou 10 anos, em que todo mês você compra um pouco mais de boas ações, você vai torcer para que as boas empresas estejam com preço baixo, assim você vai poder comprar mais. Mais ações igual a mais dividendos, mais juros sobre capital próprio, mas bonificações, desmembramentos e a valorização. São pelo menos 5 rendas para um dono de empresa, um sócio ou acionista.

Lembre-se sempre disso: Enquanto os investimentos em produtos bancários tem uma renda apenas, e juros fixos e reduzidos que apenas acompanham a inflação, com as ações de boas empresas você tem pelo menos 5 tipos de rendas com juros que podem chegar a casa dos 3 ou 4 dígitos percentuais, dependendo da empresa.

A Fórmula Mágica É A Seguinte:

"O que te deixa rico é a união do tempo e da disciplina com o reinvestimento dos dividendos".

Para você começar a ter acesso aos investimentos sofisticados, você invariavelmente tem que começar pela Bolsa de Valores, é preciso aprender a operar um homebroker, a plataforma de compra e venda de uma corretora, é preciso saber onde buscar as fontes de informação sobre quais ações comprar, quais os melhores fundos imobiliários e quando é hora de vender uma determinada ação e porque. Nada que alguém interessado não consiga resolver.

Operar sozinho a compra e venda é um jogo gostoso e fascinante de ver seu dinheiro crescer. O difícil é conhecer as fontes confiáveis de informações. É preciso ter muito cuidado com os métodos e dicas duvidosas de ganhos rápidos. Existem fundamentos básicos que pavimentam o sucesso dos investidores de sucesso e precisam ser seguidos.

O que te deixa rico não é a subida do preço de uma ação ou do mercado, o que te deixa rico é a união do tempo e da disciplina com o reinvestimento dos dividendos que você recebe. Está é a fórmula mágica. Fixe bem isto!

5 Passos Para Investir Na Bolsa

1 – Comece a investir na bolsa individualmente, esqueça clubes e fundos de investimento, você jamais enriquecerá com eles.

2 – Cadastre-se numa corretora de investimentos.

3 – Assine newsletters sobre análises financeiras de empresas para aprender quais as ações certas para comprar, quais os melhores fundos imobiliários e quando vendê-los.

4 – Comece operando com pouco durante cerca de um ano enquanto aprende.

5 – Seja um investidor de longo prazo como Warren Buffet, Lírio Parisotto e Luiz Barsi, reinvista todos os seus lucros.

6. A OITAVA MARAVILHA DO MUNDO

"Albert Einstein disse que os juros compostos eram "A Oitava Maravilha do Mundo", porque foi a descoberta financeira de maior poder e impacto de todos os tempos", como princípio e método de enriquecimento.

Muita gente se engana pensando que é preciso muito dinheiro para fazer dinheiro. A verdade é que é possível construir um belo patrimônio financeiro a partir de um capital inicial pequeno, através de taxas de juros conservadoras a longo prazo e reinvestimento, desde que haja compromisso com a consistência.

Neste caso, basta começar a investir cedo porque você terá a seu favor dois itens poderosos: os juros compostos e o tempo. Para quem sabe, e consegue usar estes dois fatores a seu favor, construirá com certeza um futuro financeiro confortável e seguro.

Não é a toa que Albert Einstein chamou os juros compostos de "A Oitava Maravilha do Mundo". Por causa deste tipo de juros, o seu legado ainda rende hoje mais de U$ 25 milhões de dólares por ano.

Para entender as maravilhas e o poder dos juros compostos, é preciso primeiro entender os juros simples. Se você tem $ 100 rendendo 5% ao ano nos juros simples, quer dizer que a cada ano você receberá $ 5.

Já com os juros compostos, ao capital são somados os rendimentos a cada ano, ou seja, você terá juros sobre o capital mas a renda dele. Com os juros simples, o crescimento do seu capital é constante, mas com os juros compostos seu dinheiro vai acelerando a cada ano que passa em um processo de quanto mais tempo, mais rápido ele crescerá. O poder da "Oitava Maravilha do Mundo" ganha cada vez mais força com o passar dos anos.

Investidores sofisticados conhecem bem este fenômeno. Investem na bolsa de valores e reaplicam toda a renda dos dividendos de volta comprando mais ações. Quem compreende a importância disso faz fortuna sempre antes do esperado.

Tomando por base o exemplo anterior, começando com $100, a juros simples em 30 anos você teria acumulado $250. Porém o mesmo investimento com juros compostos renderia $419,19. Nada mal. Seria 73% a mais de dinheiro para você!

Juros compostos são maravilhosos quando trabalham a seu favor. Banqueiro sabem usar bem isto a favor deles. Por isso costuma se dizer que as dívidas bancárias de cartões de crédito ou cheque especial, crescem rápido como uma bola de neve. É exatamente o que acontece, ela começa pequenininha e vai crescendo rápido até ficar gigantesca, com cada vez mais velocidade.

O mesmo princípio, quando a seu favor, tem o mesmo efeito de fazer seus pequenos investimentos se tornarem gigantescos. Pense bem a respeito. Seus investimentos crescendo como uma bola de neve gigantesca, que começou pequenininha. Albert Einstein sabia do que estava falando. Ele afirmou que os juros compostos foram a maior descoberta matemática de todos os tempos.

Os juros compostos transforma seu dinheiro em uma poderosa ferramenta de geração de renda, protegendo seu suado dinheiro, multiplicando seu patrimônio independente de crises econômicas. Você ganhará sempre com ou sem crise.

Os juros compostos é o processo de gerar renda através do reinvestimento da rentabilidade no tempo. Quanto mais tempo seu dinheiro estiver investido, maior a capacidade de acelerar o potencial do investimento inicial.

O importante é começar o quanto antes, agora é a melhor hora, pois o tempo é o grande aliado dos juros compostos. Adiar a decisão de começar, é adiar o futuro que tanto sonha. Os juros compostos amplificam o crescimento do seu dinheiro mas dependem de reinvestimento e tempo. Por isso evite a todo custo realizar retiradas do montante acumulado, tanto do principal como dos juros.

De novo falando sobre Warren Buffet, o 3º homem mais rico do mundo com uma fortuna avaliada em 72 bilhões de dólares, ele afirma que sua conquista se deve a boa aplicação dos juros compostos em uma economia capitalista de oportunidades.

O começo desta caminhada pode parecer difícil, mas logo se tornará um sonho maravilhoso.

5 Passos Para Enriquecer Com Juros Compostos

1 – Use os juros compostos a seu favor e não contra.

2 – Pare de usar cartão de crédito e cheques especiais.

3 – Não mexa nos lucros e dividendos de seus investimentos.

4 – Compre sempre mais ações com os dividendos e lucros das que você já tem.

5 – Faça dos seus estudos de Educação Financeira, um estudo contínuo. Quando você estiver ensinando, estará bom o bastante.

7. O PULO DO GATO

"O pulo do gato não se ensina, nem se aprende em manual. Ele é uma descoberta muito particular, que faz com que o seu criador se salve na situação em que mais precisa".

Se você imagina que precisa ser um expert para ganhar dinheiro na Bolsa de Valores, você está certo. É muito difícil, aliás em qualquer atividade humana, será difícil você ter sucesso sem conhecê-la bem antes. Se você quiser montar um negócio em qualquer área econômica, se você não tiver a menor ideia de como aquilo funciona, qual a sua chance de sucesso? É mínima.

Na Bolsa de Valores não é diferente, você tem que procurar inicialmente, profissionais capacitados para lhe orientar, mas é fundamental você conhecer o mercado de ações antes de se aventurar sozinho. É muito comum o leigo, o investidor iniciante, começar a buscar informações em revista especializadas, elas são, podemos dizer, interessantes no começo desta carreira de investidor, mas logo você descobrirá que suas dicas são as maiores furadas.

O motivo é um só. Estas dicas são dadas por jornalistas e não por investidores bem sucedidos. Elas são dadas por empregados ou por funcionários comissionados ou pela empresa de mídia que os emprega, ou ainda pelas próprias empresas que pagam para falarem bem delas.

Pior é quando o novato vai perguntar para o gerente de seu banco, ou mesmo aceitar as dicas dos consultores financeiros empregados das corretoras de investimento em bolsa. Ora, gerentes de banco são assalariados próximos da pobreza, treinados para lhe empurrar um pacote de produtos financeiros de baixíssima qualidade, de baixo rendimento e não entendem nada de Bolsa de Valores. Se entendessem não seriam gerentes.

Já os consultores financeiros das corretoras, também são assalariados comissionados pobres, que apesar de saberem lhe orientar como aplicar na bolsa, não sabem fazer fortuna com elas, senão não seriam empregados do mercado financeiro. Investidores vivem disso ou são empreendedores.

A outra única grande forma de enriquecer além de saber fazer seu dinheiro trabalhar para você, é empreender, assunto que abordaremos no último capitulo.

Depois o investidor novato, ouve falar sobre fundos de ações, clubes de investimento e carteiras administradas, e acha que entregar seu futuro nas mãos de um especialista, irá lhe poupar tempo trazendo segurança.

Sobre isso lhe digo, não se entrega dinheiro na mão de ninguém para administrar. Ou você administra, ou estará perdendo. Fundos e clubes de investimento deixam o administrador deles rico às custas do seu dinheiro.

Segredo Valioso

Mas calma, não se desespere, vou lhe contar agora como resolver isso. Eu passei por todos estes caminhos, experimentei todos, provei o gosto amargo de cada um para aprender e hoje poder lhe encurtar o caminho.

De tudo que me proponho a passar sobre conhecimento financeiro sobre como enriquecer, este talvez seja o ensinamento mais precioso, principalmente porque foi o mais difícil e demorado para descobrir e aprender. Somente a partir daí, me tornei independente financeiramente e comecei a realmente ver meus rendimentos crescerem.

O segredo é o seguinte, informação idônea para se operar na bolsa, só é confiável vinda de consultores independentes, que não recebem comissão de ninguém, que fazem análises imparciais da real situação de cada empresa a qual sugerem investir.

Agora você vai me perguntar: sim, mas onde encontrá-los. Hoje no Brasil existem poucas fontes de informação independente idôneas. Quem me ouve falar assim pode pensar. Bom, o Marcelo está ganhando para falar bem deles. Acreditem se quiser, não estou.

Outrora eles já até tinham programas de parceria com outros consultores que indicassem eles via internet, e cada venda gerava uma comissão para quem indicasse. Confesso que participei disso enquanto durou, mas por pouca procura eles encerraram as parcerias e o motivo de eu continuar falando sobre eles é o enorme benefício que tem me proporcionado até hoje com as dicas que me passam semanalmente.

Cultura de Investimento

Se antigamente existia a cultura de que investir em bolsa era especular, hoje isso começa a mudar com a tendência de baixa nas taxas de juros na medida que o país começa a crescer e seguir tendências econômicas mundiais. Nos Estados Unidos, são cerca de 100 milhões de pessoa físicas investindo na bolsa americana, enquanto no Brasil, são apenas 600 mil em 2016. No Japão são 27 milhões e a Bovespa tem planos de multiplicar os atuais meio milhão de investidores para pelo menos 5 milhões nos próximos anos. Será que consegue? Espero contribuir!

A experiência em bolsa com sua renda variável, demonstra que ela é muito mais rentável que a renda fixa porque o investidor além dos dividendos se beneficia do crescimento da economia. Sem falar na vantagem da liquides maior do que outras aplicações, onde se pode comprar e vender ações sem pagar comissões, taxas administrativas, impostos ou multas.

O único inconveniente da bolsa é o risco. Ninguém sabe quando o mercado vai subir ou cair, ou uma empresa vai lucrar ou quebrar, nem mesmo os melhores gestores do mundo. Por isso a bolsa é o tipo de investimento a longo prazo, para que haja tempo para as eventuais recuperações de mercado, o que invariavelmente acaba sempre acontecendo. E quando acontece, supera sempre o seu valor anterior no longo prazo.

A pessoa pode ingressar na bolsa através de clubes de investimentos, fundos de investimentos ou individualmente. De longe, a melhor e mais rentável opção é o investimento individual. Nos fundos e clubes você fica refém de taxas de administração, não tem liquidez garantida, nem escolhe em que empresas poderá investir, o pacote é fechado ou a critério do administrador e não se compara aos ganhos que se pode ter individualmente.

No caso do ingresso por conta própria, o único recomendável, a pessoa escolherá uma corretora e fará as compras e vendas sozinhas, seja pela mesa de operações via telefone, ou via homebroker, a plataforma online, tipo a dos bancos na internet. Aqui vale lembrar que, as equipes de analistas e consultores das corretoras, apesar de se dizerem imparciais em relação as suas indicações, na verdade eles não são. Eles são empregados, obedecem ordens dos patrões que vendem sugestões para grandes empresas.

Experiência Vale Ouro

Quando iniciei meu aprendizado individual para ingressar na bolsa, eu havia feito dois curso online, um barato e rápido, sobre mercado de ações, e quando comecei a me animar, fui fazer um curso mais sofisticado e caro, de Consultor de Investimentos Financeiros da Fundação Getúlio Vargas, a FGV.

A partir dali, eu entendia o mercado e os órgãos financeiros governamentais, mas ainda não sabia investir. Comecei então a me cadastrar em diversas corretoras de investimento, e a tentar operar inicialmente em seus simuladores, o que hoje não acho essencial para quem quer começar.

Foi uma experiência válida mas confusa, primeiro porque cada corretora tem um perfil de investidor diferente, isto é, uns são investidores a longo prazo, outros são "day traders", isto é especuladores de curto prazo que compram e vendem todo dia, querendo ganhar em qualquer subida ou descida do mercado.

Para estas corretoras independentes abocanharem o máximo de clientes, cada uma peca em um sentido. Algumas oferecem plataformas online complicadas, misturando ferramentas para investidores de longo prazo com outras para traders, o que torna estes homebrokers complicados e difíceis de operar. Outras simplificam demais oferecendo produtos bancários misturados com o acesso a compra e venda de ações, subestimando investidores iniciantes tentando ganhar deles de todo lado.

Quando conheci o método de "day trade", também fiz o curso de Trader, e serviu apenas para descobrir que ninguém fica rico com trade, mas dá para ficar louco com as subidas e descidas diárias dos índices para talvez ganhar mais do que perder, um verdadeiro cassino que faz a má fama da Bolsa de Valores.

Trata-se de uma prática rigorosamente condenada pelos grandes milionários e bilionários do mercado de ações. Há quem discorde, e estes estão todos pobres e neuróticos, comprando e vendendo alucinadamente todo dia e não tem a paciência necessária para serem grandes investidores.

Tipos De Corretoras

Nesta altura, já tinha testado umas cinco ou seis corretoras, praticamente todas que existiam no mercado em 2011, até que resolvi pesquisar as corretoras ligadas aos bancos. Isto foi em meados de 2011 para 2012, quando a economia brasileira estava bem. Hoje em 2016, o mercado está infestado de dezenas de corretoras online desconhecidas que surgiram no rastro do boom econômico, que durou no Brasil até 2014.

Quando se opera com corretoras independentes, na hora de investir, temos que transferir nosso dinheiro para uma conta deles. Enquanto estamos testando como operar, com quantias pequenas, tudo bem, mas quando falamos de grandes volumes de dinheiro suado, confesso que fico incomodado em transferir dinheiro para empresas desconhecidas.

Principalmente no caso delas quebrarem, falirem ou simplesmente cometerem algum tipo de fraude. Afinal o mercado de ações brasileiro ainda engatinha e que credibilidade estas empresas tem?

Minhas desconfianças só me permitiram ingressar no mercado de ações definitivamente quando testei todas as corretoras de bancos, ou ligadas diretamente a eles. Nesta etapa ainda ocorreu outro porém.

Ao conhecer todas as corretoras de todos os bancos, descobri que havia diferenças brutais na qualidade do serviço oferecido entre elas, não apenas nas taxas cobradas, mas principalmente no layout e funcionamento das plataformas de operação na internet, os famosos "homebrokers", cuja tradução é algo como corretor doméstico, ou seja, você é seu próprio corretor, ou você opera sem precisar de corretor, direto online, diretamente do seu home office.

A vantagem, no meu ponto de vista, sobre as corretoras de bancos é a segurança da instituição financeira por trás. Para se ter um ideia, você não transfere seu dinheiro para uma corretora, para uma outra empresa muitas vezes desconhecida.

Você deixa seu dinheiro na conta do banco, e ele é transferido automaticamente para a corretora três dias depois de você já ter feito a compra do seu lote de ações, onde você passa a ter garantia direta da BM&F Bovespa. Uma vez comprada a ação, você tem um pedaço da empresa que comprou.

Da mesma forma quando você recebe dividendos. Eles já caem automaticamente na sua conta bancária sem você precisar ter mais uma preocupação em resgatá-lo. Evita-se mais uma operação desnecessária.

Outra grande vantagem é a simplificação da interface dos homebrokers. Elas são simplificadas no quesito oferecer diretamente a compra e venda das ações, sem misturar ferramentas de trade, o que para mim confirma a falta de credibilidade dos próprios bancos, no método especulativo.

Corretoras de Bancos

E agora, a surpresa. Recapitulando. As corretoras independentes não passam segurança, tem homebrokers complicados desnecessariamente e misturam produtos bancários atirando para todo lado. As corretoras dos bancos simplificam a compra e venda das ações, não misturam produtos bancários na interface, mas elas tem uma diferença brutal entre elas, que para mim foi determinante para que eu me encantasse com a que eu escolhi.

Como orientador no caminho do investimento em ações, preciso ser exato em minhas opiniões, agrade ou não a uns e outros. Precisarei revelar minha experiência pessoal com as corretoras dos principais bancos que testei independente destas instituições concordarem ou não comigo. Vale ressaltar que a experiência foi realizada entre os anos de 2011 e 2012 e de lá para cá podem ter havido alterações para melhor.

Testei as seguintes corretoras de investimentos de bancos. Todas elas exigem cadastros a parte e possuem cada uma seu CNPJ próprio. Pela ordem de não preferência, foram Banco do Brasil, Santander, Bradesco, Citibank e Itaú.

Começando pelas que menos me agradam, o Banco do Brasil, eu mantenho conta apenas porque além de operar com mercados internacionais, recebo rendimentos publicitários de meus sites pelo Google Adsenses e o Banco do Brasil é mais experiente no trato de operações financeiras internacionais, devido ao fato de ser o banco oficial brasileiro

71

para importações e exportações. Além do mais, ele tem filial em território americano, coisa que Bradesco e Itaú não possuem, dificultando demais operações nos Estados Unidos.

Porém, Banco do Brasil tem uma bela interface para plataformas de internet para conta corrente, mas definitivamente ela é a menos prática de todos os bancos que conheço porque peca por excesso de segurança desnecessária. Eles te obrigam a ir a agencia e enfrentar filas infindáveis para liberar senhas e operações periodicamente. Decididamente isso não funciona.

Quanto a sua corretora para investimentos em bolsa, ela funciona dentro desta mesma plataforma de conta corrente que nunca funciona. Ou seja, tentei meses fazer uma simples compra de ações e nunca consegui. Não tenho tempo mais para isso.

O Santander tem uma corretora própria mas opera com as taxas mais caras do mercado. Além disso, a interface é antiquada, falo sempre sobre interface porque é um ponto crucial para mim principalmente quando encontro uma que funcione facilitando minha vida.

Pois então, a do Santander tanto como a do Bradesco, tem ambas o que eu chamo de uma interface de homebroker "jurássica". Chega a ser gritante a pobreza visual, parecendo que pararam no tempo ou que definitivamente consideram que não há interesse no incentivo de seus clientes aperfeiçoarem suas habilidades financeiras em investimentos sofisticados como a Bolsa de Valores.

Quanto ao Citibank, eu tinha iniciado o processo quando soube agora recentemente que por conta do estrago que o governo Dilma vem fazendo no país, a matriz do City nos E.U.A, decidiu encerrar operações no

72

Brasil, sendo assim, descarto comentários a respeito de um banco que me parece muito competente mas suspenderá serviços em breve.

Sobrou então apenas o Itaú. Mas minha opção definitivamente não vem por exclusão última, mas coincidentemente, por pura competência deles. Eu sempre fui fã do Itaú e sou suspeito por isso para falar, mas faça os testes que fiz e verá que tenho razão.

A corretora do Itaú é um empresa do grupo porém totalmente integrada ao Banco. Basta ter dinheiro em conta que as operações são aceitas e transferidas automaticamente, três dias depois. Seus dividendos, e demais rendimentos caem direto em conta com a interface mais agradável, simples, prática e eficiente que jamais vi em qualquer outra instituição financeira brasileira. Tudo funciona com segurança e nunca tive problema algum, apenas a satisfação crescente em assistir meu dinheiro aumentar em um homebroker agradável que aprecio abrir sempre.

Informações Confiáveis

A esta altura, já tinha feito meus cursos, já tinha testado corretoras independentes e de bancos, já tinha encontrado e testado a que me agradava, e pensei, agora era só comprar ações.

Tomei neste momento a sábia decisão de começar devagar, comprei as primeiras ações, os primeiros fundos imobiliários e comecei a ler online revistas que pensei serem especializadas como Exame e Infomoney.

Eles realmente se dizem especializados, até que comecei a desconfiar de suas dicas que tinham cara de matéria paga. Principalmente quando comecei a comprar papéis que se revelaram grandes fiascos.

Me lembro de ter comprado um fundo imobiliário que pagava um rendimento muito acima dos outros, e o motivo foi porque ele estava para quebrar, o que aconteceu e perdi todo dinheiro.

Percebi que nem o curso da FGV como consultor em investimentos financeiros não era suficiente para saber quais os melhores papéis eu deveria comprar. Onde descobrir então?

Fui atrás de literatura especializada, li "O Mercado de Ações em 25 Episódios" do Paulo Portinho, que narra histórias, estudos e crônicas sobre o mercado de ações, li também "Warren Buffet e a análise de Balanços" de Mary Buffet e David Clark, li "Investimentos a prova de crise de Marcos Silvestre provando que é possível ganhar pelo menos 6 vezes mais na bolsa de valores do que na poupança, e ele está sendo modesto.

Li "Meu Vizinho Warren Buffet" de Matthew Schifrin sobre os maiores investidores anônimos do mundo demonstrando de forma contundente que as pessoas comuns são capazes de se tornar ótimos investidores por conta própria.

Sentado em casa, em frente a um computador conectado a internet, você tem condições de gerar retornos fantásticos sobre seus investimentos. Pessoas que com um pouco de conhecimento, bom senso e intuição conseguem escolher ações mas lucrativas do que a maioria dos assessores financeiros profissionais. Veja bibliografia anexa no final deste livro com outras recomendações.

Tudo isso me ajudou muito a compreender ainda mais sobre como investir, mas ainda assim, não me diziam quais as melhores ações todos mês que eu deveria comprar.

Análise Financeira Independente

Foi quando vi pela primeira vez um anúncio sobre uma casa independente de análise de ações baseada em São Paulo que fornece recomendações amparadas em estudos financeiros e econômicos, privilegiando a linguagem simples e direta. Essas recomendações são veiculadas por meios digitais, site, newsletters (e-mails), chats e palestras.

Quem me vê falando destas empresas pode pensar que ganho com isso, na verdade já ganhei outrora quando eles tinham um sistema de parcerias com links. Quando seu site enviava alguém para fazer a assinatura das newsletters com eles, eles pagavam aos parceiros comissão.

Mais isso foi no início do trabalho deles e eles optaram por encerrar este sistema com parceiros já a muito tempo. Porém, eu continuei assinante de muitas das principais newsletters deles e finalmente comecei acertar nas compras e vendas de ações que fazia.

O grande mérito e diferencial destas empresas é serem independentes no sentido de deixarem bem claro que ganham dinheiro apenas com as assinaturas das newsletters não sendo jamais comissionados por empresas da bolsas ou quaisquer outras instituições sejam financeiras ou não. Eles não recebem comissão de ninguém, para induzir as pessoas a compra de determinados papéis, como fazem outros meios de comunicação.

O surgimento recente destas agências financeiras se deu baseado no modelo norte-americano de casas independentes de análises financeiras que já há muito tempo ganham dinheiro vendendo informações financeiras a baixo custo, cuja garantia é justamente a independência e a neutralidade.

No Brasil a primeira surgiu em 2009 com o intuito de preencher justamente esta lacuna existente na infante Bolsa de Valores brasileira que tem ainda tanto potencial para oferecer justamente por estar no começo. Eles trouxeram para cá o modelo americano já tão bem sucedido por lá, com sua bolsa e mercado sólido e gigantesco, e estão inaugurando uma nova fase de se operar no mercado de ações nacional de forma mais segura.

Resumindo a história, eles cobram barato para as informações que fornecem, e eu por exemplo, que queria investir ao estilo Warren Buffet de viver de dividendos e comprar fundos imobiliários, assinei três newsletters no valor mensal de aproximadamente 10 ou 20 reais cada, o equivalente a um jantar fora por mês, e passei a saber tudo sobre todas as melhores ações e fundos imobiliários atualizados uma vez por semana. Hoje tenho um portfolio focado em bancos, empresas de energia, agronegócio, gás, saneamento, fundos imobiliários entre outros, ou seja, setores que jamais sonharia investir por que não tinha acesso a informações precisas e confiáveis.

Pode estar certo, todo grande investidor tem e paga por boas e confiáveis fontes de informação. Depois que você aprende a operar homebrokers, a informação confiável é o grande segredo que nenhum gerente de banco, nem corretor ou consultor financeiro nenhum vai lhe contar. Eles querem que você compre produtos financeiros com eles porque eles ganham comissão.

Indicações sobre quais são as melhores casas de análises financeira independentes no Brasil hoje, e como fazer o melhor uso delas, estão disponíveis detalhadamente, em "Como Enriquecer na Bolsa", www.comoenriquecernabolsa.com.br .

5 Passos Do Pulo Do Gato

1 – Não invista sem orientação.

2 – Não confie em dicas de jornalistas, gerentes de bancos, corretores ou consultores financeiros, jornais e revistas que se dizem especializados.

3 – Contrate "análise financeira independente".

4 – Comece investindo "pouco" mês a mês, até aprender.

5 – Foque no início basicamente em Ações, que gerem bons dividendos, as chamadas "Vacas Leiteiras", e Fundos Imobiliários.

8. A 4ª REVOLUÇÃO INDUSTRIAL

"A 4ª Revolução Industrial industrial, aniquilará milhões de empregos, inclusive o seu" – Revista Exame

Reza a lenda que um monge andava com seu discípulo por terras longínquas, quando encontraram uma família de camponeses pobres que viviam do que produzia uma vaquinha. Passando ao largo, perceberam a vaquinha na beira de um abismo, e o monge falou para o discípulo: empurra a vaquinha no abismo! O discípulo estranhou, balbuciou alguma coisa e o monge insistiu. Sem questionar, mas desconcertado, empurrou a vaquinha no abismo.

Anos se passaram quando de volta sozinho aquelas terras, o discípulo em sua curiosidade foi procurar pela família mas encontrou no lugar uma linda e próspera fazenda. Nela tinha campo de golfe, um linda sede com piscina, carros luxuosos e um helicóptero parado.

Intrigado, o discípulo se dirigiu a sede da fazenda e perguntando pelo dono, ao encontrá-lo, contou sua história. Ao escutar a história contada pelo discípulo, o dono da fazenda se alegrou imensamente e disse: Então foram vocês, muito obrigado! Muitíssimo obrigado!

Desconcertado e sem entender, o discípulo perguntou porque, e ao escutar a resposta, entendeu naquele momento a lição de seu mestre. O dono da fazenda disse: então foram vocês que empurraram a vaquinha no abismo, de novo agradeceu e explicou.

Pois é, quando perdemos a vaquinha ficamos em uma situação muito difícil, sem nosso ganha pão. Por causa disso tivemos que nos reinventar e achar outra fonte de renda. Foi quando aprendemos a plantar e colher, a trabalhar com turismo rural, exploração mineral, hídrica e solar, e então ficamos muito ricos.

Se nós estivéssemos até hoje vivendo do que produzia aquela vaquinha, talvez estivéssemos pobres até hoje, estávamos habituados e acomodados a não precisar crescer.

Será que seu emprego atual não é sua vaquinha?

O título deste livro, "Só Não É Rico Quem Não Quer" foi inspirado na frase de Bill Gates onde ele diz que "Ninguém tem culpa de nascer pobre, mas se você morrer pobre, a culpa é totalmente sua". Ou seja, a responsabilidade de enriquecer é nossa, não é do governo, nem da sorte, mas da vontade de trabalhar, de empreender, e aprender a lidar com o dinheiro, a investir e fazer cle trabalhar para você.

Nesta perspectiva, existem então duas formas de enriquecer. Trabalhando e investindo. Investir, depende de tempo de fazer os juros compostos trabalharem para você, ou o crescimento do mercado valorizar suas ações, mas trabalhar e empreender, pode acelerar este processo.

Você pode ser assalariado ou empreendedor, ser empregado ou ser patrão. Como assalariado você fica refém de chefe, horário, teto de ganho e se ilude com uma pseudo segurança que não funcionará na sua aposentaria, colocando sua própria vida em risco por falta de seguro saúde e outras necessidades básicas.

Já como empreendedor, você é o seu próprio patrão, tem liberdade de tempo, pode ter ganhos ilimitados se obter sucesso, não terá pseudo segurança ilusória, mas poderá alcançar a segurança real de poder ter feito fortuna suficiente para garantir sua independência financeira para sempre.

Quando falamos em investir, trabalhar, empreender e enriquecer em 2016, não escapamos de considerar a transformação digital vertiginosa por que passamos. O conhecimento um pouco mais detalhado sobre a era da informação não é mais atributo exclusivo de técnicos em informação, jovens ou nerds, mas de qualquer simples mortal que viva nesta terra hoje.

Uma das áreas que mais está sendo afetada é a do emprego. O uso intensivo de internet, computadores e chips tem jogado para escanteio profissões de todos os níveis técnicos e acadêmicos, senão pelo menos um fato é indiscutível, as novas tecnologias tem mudado a natureza do trabalho trazendo impactos sociais grandes, afetando profissões e criando outras que não existiam.

Revoluções Industriais

A primeira revolução industrial foi a iniciada no fim do século 18, quando a água e o vapor foram usados para mover as máquinas na Inglaterra. A segunda veio com o emprego da energia elétrica na produção em massa de bens de consumo. A terceira é a do uso da informática, também chamada de Era de Informação, iniciada em meados do século passado, e a atual, a quarta, segue na esteira da anterior, caracterizada por sua natureza hiperconectada em tempo real pela internet, que chamo de Era da Hiperconexão.

Com o fim da diferenciação entre homens e máquinas, uma nova quebra no modelo de cadeias produtivas e comerciais está ocorrendo, onde consumidores se misturam com produtores, cada vez mais máquinas substituem homens em tarefas profissionais, fazendo com que milhões de empregos venham a ser perdidos em breve.

Estes são dados do último Fórum Econômico Mundial realizado em janeiro de 2016 em Davos na Suíça, que prevê a perda de 5 milhões de empregos nos próximos 5 anos em função das mudanças tecnológicas.

Além da perda maciça de empregos, a quarta revolução industrial provocará grandes perturbações não só nos modelos de negócios, mas também no mercado de trabalho, indica um estudo da instituição que organiza o Fórum de Davos.

Independente de qualquer política dos governos no sentido de suavizar ou adaptar tais tendências, cabe a cada cidadão que queira estar atualizado ao seu tempo, buscar por conta própria expertises digitais e empreendedoras por conta própria, pois ao mesmo tempo que empregos se extinguem, novas e ótimas oportunidades de trabalho surgem, principalmente no que tange ao trabalho de empreendedorismo digital.

O próprio acesso facilitado ao investimento em Bolsa de Valores é fruto das novas conexões de internet, que permitem as pessoas se educarem financeiramente online e ter acesso a investimentos sofisticados.

Internet da coisas, big data, marketing digital, empreendedorismo online, robótica, inteligência artificial, nanotecnologia e impressão 3D, estes são apenas alguns dos avanços tecnológicos que já ocorrem como parte da quarta revolução industrial. Muita coisa nova vem por aí.

Ela é marcada pela aceleração da automação, da conectividade e já está transformando todos os aspectos das economias, desde o nível de empregos ao de preços, passando pela distribuição de renda e a desigualdade.

E vai ganhar com isso quem estiver conectado, quem for mais flexível, quem buscar Educação Financeira e digital, quem tiver capacidade de inovação. Alguns países saíram na frente mas alfabetização digital e na língua inglesa, poderão suprir lacunas em um mundo globalizado e interconectado em tempo real. Tem que saber inglês fluente, tem que estar muito bem conectado a rede e conhecer seu desenvolvimento, fluxo de informações e habilidades necessárias, cada vez mais rápido.

Exemplos de transformação irreversível não faltam como o que a Netfix fez com a TV a cabo, o que o Airbnb fez com a hotelaria, o que o Facebook está fazendo com os jornais de notícias, o que o Uber fez com o transporte de taxi nas metrópoles, o que os Homebrokers estão fazendo com os produtos e serviços de investimentos e agora as transformações que se aproximam no sistema bancário mundial como Paypal, cartões de crédito sem taxas e pagamentos via celular, todos, apenas para citar alguns.

Fórmula Online

O mais admirável tem ocorrido no marketing digital e no empreendedorismo online gerando infindáveis e maravilhosas oportunidades de trabalho. Mudanças de paradigmas que ao mesmo tempo que descontroem negócios antes estabelecidos, abrem novas possibilidades de trabalho a partir de plataformas online.

São as redes sociais, de vídeo, de fotos e da automação de marketing que tem sido testadas com sucesso por milhares de empreendedores digitais no mundo todo, criando relacionamentos comerciais online, que estão gerando renda de seis a sete dígitos de forma rápida para seus empreendedores, apesar da descrença de muitos.

Se você está conectado a nova onda digital, não precisa temer a perda do seu emprego, porque agora você vai poder criar o seu próprio trabalho, fazendo o que gosta, trabalhando menos e ganhando muito mais do que jamais imaginou. Esta prática bem sucedida, já cunhou seu termo, chamado "Formula Online". Nós vamos conhecê-la no próximo capítulo, ela pode e deve ser a opção de muitos que querem ganhar mais ou se preocupam com a perda de seus empregos.

Nas outras revoluções industriais, as mudanças foram diluídas com o tempo levando décadas para se firmar, mas na quarta revolução o ritmo é mais acelerado, sua amplitude e profundidade provoca mudanças muito mais significativas e um novo cenário desafiador.

Transformação Vertiginosa

Será que o ritmo exponencial destas mudanças destruindo profissões, será superior a capacidade de geração de novas funções? Não se sabe ainda. Os "apps", os aplicativos para todo tipo de aparelhos é um exemplo clássico desta mudança recente, fazendo a Apple Store tornar a Apple a maior indústria do mundo em pouco tempo, desbancando industrias estabelecidas a quase cem anos.

É preciso entender que a mudança gera oportunidades e se você quer enriquecer mais rápido do que a velocidade dos seus investimentos, trabalhar atualizado ao seu tempo, aproveitando as milionárias oportunidades desta nova era, estas mudanças são uma opção para você.

Milhares de funções profissionais serão encerradas ou substituídas nos próximos anos. Estudos estimam que 47% dos empregos nos Estados Unidos estão em risco, desde motoristas, estagiários, jornalistas, auditores, desenvolvedores de programação, administradores de sistemas de computação, para legais, etc.

Qual a capacitação que precisaremos ter no futuro breve? Funções criativas, ou que envolvam habilidades sociais e artísticas devem permanecer imunes ao processo. Os próximos cinco a dez anos serão críticos de acordo com o World Economic Forum.

Além das novas funções que surgirão, o tempo médio das capacitações tende a diminuir sensivelmente, bem como as relações comerciais entre empresas e pessoas deve sofrer grandes alterações. A economia compartilhada ocupará grandes espaços, surgirão novas classes profissionais entre elas a do multitrabalho onde você não tem um emprego mas várias fontes de renda, podendo ser um motorista do Uber, enquanto partilha sua casa com o Airbnb, faz trabalhos para o Taskrabbit, escreve um blog, vende produtos online afiliados, entre outros.

Conceitos, práticas e hábitos estão mudando em relação a tudo que fizemos até hoje. Apesar da larga expansão da internet, a maioria está conectada apenas via mobile, pelo smarthphone e desconhecem infindáveis práticas digitais operadas somente via desktop ou notebook. É preciso estar ligado e engajado nesta tendência para agradar clientes tão empoderados e exigentes em nossos dias.

Reset Mental

É impossível fazer previsões, apenas de que elas serão avassaladoras. A velocidade da evolução tecnológica e da convergência das tecnologias, faz o futuro breve incerto. De acordo com a Lei de Moore o poder de processamento de computadores e da informática em geral, dobra a cada 18 meses. De hoje, em 2016 até 2025, em nove anos, teremos pelo menos 7 ciclos de evolução significando que a capacidade computacional será multiplicada por 128 vezes. Imagine daqui a dez anos um smartphone 128 vezes mais potente.

Temos que dar em reset em nossa maneira de pensar, reiniciarmos nossos pensamentos e adaptá-los ao novo modelo periodicamente.

Precisamos mudar nosso sistema educacional e enquanto ele não acompanha esta evolução, sermos autodidatas que aprendem uns com os outros online, é assim que se aperfeiçoa no mundo digital. O modelo atual é caracterizado por módulos de conhecimento, o que se aprende hoje, ficará obsoleto em cinco ou dez anos, similar a linha de produção fabril que se renova anualmente com novos modelos.

Estruturas hierárquicas gerenciais serão enxutas, setores serão extintos e disfunção e disruptura, serão termos em voga. Conceitos como consumidores que se tornam prosumidores e todo tipo de experimentações dinâmicas e ágeis farão com que nossos modelos mentais passem do linear para e exponencial, quebrando qualquer tipo de estrutura hierárquica rígida.

Criar seu próprio negócio se tornou mais fácil com os recursos online, e as empresas pré-internet precisam criar seu futuro na rede. Pessoas e empresas nascidas pós-internet não terão estes problemas, terão sido criadas com um novo DNA.

A rapidez com que acontecerão as mudanças põe em risco negócios, profissões e carreiras estabelecidas. A adaptação ao novo tempo depende menos da tecnologia em si, mas principalmente, da capacidade de profissionais e empresas compreenderem sua amplitude e implantarem suas estratégias digitais em tempo hábil de acompanhar mais mudanças que já se anunciam.

Sua profissão ou seu negócios de décadas não garantirá a sua sobrevivência nos próximos dez anos. Mude antes que te mudem. A única certeza da sua vida profissional de hoje, é que ela não será mais a mesma amanhã.

5 Passos Para Vencer Na 4ª Revolução

1 – Esteja totalmente conectado a internet.

2 – Tenha um blog (de hobby, profissão, experiência, etc.)

3 – Tenha um notebook, um smartphone e um tablet. Todos poderosos e dos últimos lançamentos. Troque-os a cada dois ou três anos no máximo.

4 – Opte sempre pela linha Apple. Só não concorda comigo quem nunca teve. Macbook, Iphone e Ipad. Relembrando: todos que discordarem, nunca tiveram nenhum deles.

5 – Tenha e use Facebook, Tweeter, Instagram, Canal no Youtube, Linkedin, Paypal, PagueSeguro. Se voce não sabe o que é qualquer destas coisas você não mora na terra ou esta desembarcando agora no século XXI.

9. FÓRMULA ONLINE

"Como Vender Qualquer Coisa Pela Internet e Criar Negócios Lucrativos Partindo do Zero"

O Brasil tem solução e está cheio de oportunidades para quem quiser vê-las, aproveitá-las e ajudar a construir um país melhor. A hora é agora.

Se existe uma fórmula de se ganhar dinheiro online e ainda ajudar pessoas, saiba que hoje, esta fórmula é real e acessível a qualquer pessoa ou negócio, a custos irrisórios e retornos extremamente expressivos.

Muitos de vocês já devem ter visto pela internet propostas do tipo que verão a seguir. Promessas de lucros online rápidos, métodos para enriquecer fantásticos, segredos e fórmulas de sucesso pessoal e financeiro.

Acontece que na internet, como no mundo real, as coisas não podem ser generalizadas. Devem sim, ser selecionadas, apuradas para que se verifique sua credibilidade. O mundo está cheio de falsários entre milhões de pessoas honestas, e no mundo digital não é diferente.

Dizer que a internet está cheia de perigos e que as pessoas devem evitá-la, seria o mesmo que dizer para alguém não sair mais nas ruas porque é perigoso. É preciso saber transitar no mundo digital da mesma maneira que podemos andar em segurança no mundo real. É preciso conhecer seus perigos para que sejam evitados, é preciso saber onde se encontram suas virtudes para que passam ser seguidas e vivenciadas.

A Velocidade Da Rede Mudou Tudo

Nos últimos anos, mas precisamente a partir do início da segunda década deste século XXI, a internet tornou-se palco de milhares de segredos e fórmulas de sucesso, do tipo, ganhe dinheiro online, os segredos do Adsenses, do Facebook, A Fórmula da Audiência, os Segredos de Vendas, as Fórmulas de Marketing, de Lançamento de Vendas, etc ...

Na verdade o que ocorre é uma congruência de fatores e fenômenos especiais. O marketing digital se consolidou, os conceitos da era da informação deixaram se ser uma especulação para formarem princípios comerciais novos.

E tudo isso graças a maturidade da internet, consolidada com as altas velocidades da rede e do surgimento de novas e fantásticas ferramentas de trabalho online, que permitem pessoas e negócios operarem estratégias de vendas, de alcance e velocidade jamais antes imaginada.

Recentemente, tornou-se comum escutar na internet apelos como estes:

Só Para Quem Nasceu De Férias

"O que você faria da sua vida se o seu negócio lhe rendesse dinheiro durante o ano todo?"

"Onde você gostaria de morar, viver ou trabalhar se o seu trabalho pudesse ser feito de qualquer lugar onde tivesse um boa conexão de internet?"

"Se você pudesse ganhar dinheiro com qualquer coisa na vida, o que você escolheria fazer para se sentir realmente realizado?"

"Com que tipo de pessoas você gostaria de trabalhar, atender ou treinar?"

O que você diria se eu te falar que hoje no século XXI, você pode ter liberdade total para trabalhar no que quiser, de onde quiser, ganhando o quanto você quer, trabalhando o número de horas que tiver vontade, com quem você escolher e ajudando pessoas?

O que você diria se você soubesse que hoje é possível trabalhar com liberdade total de tempo, lugar, e fazendo o que você escolher fazer para viver?

Talvez você já tenha ouvido falar a respeito do assunto, já tenha visto propostas parecidas na internet, mas as possibilidades elencadas acima já são realidade para milhares de pessoas no mundo inteiro e tem sido testadas, desenvolvidas e aperfeiçoadas nos últimos 10 anos.

Esta fórmula de trabalho com os recursos e ferramentas da internet, chamada "Fórmula Online", tornou-se uma realidade e tem sido uma das grandes novidades da quarta revolução industrial que tem permitido milhares de pessoas encontrarem novas oportunidades de trabalho e de enriquecerem.

Para Quem Serve

1 – Para as pessoas que já tem um negócio e querem aproveitar os benefícios da internet para vender muito mais.

2 – Para os que já tem uma profissão ou negócio mas para aumentar sua renda precisam trabalhar muito mais horas.

3 – Para quem não tem nenhum negócio ou trabalho, estão aposentadas ou temem perder seus empregos, e para as pessoas que ainda não tem ideia nenhuma para ganhar dinheiro.

A 4ª Revolução Industrial não é feita apenas do fantasma do desemprego, mas principalmente da oferta de novas possibilidades, lembrando sempre que, para as pessoas conectadas online e que estão abertas as novas ideias, conceitos e oportunidades.

Novos Paradigmas Digitais

Um dos princípios sedimentados pelas virtudes da 4ª Revolução Industrial foi cunhado pela observação de um fenômeno contrário a tudo que se predisse na primeira década da internet. Se considerarmos que a internet nasceu em 1995, ela fez 20 anos e estamos no início da terceira década.

Pensou-se durante aqueles anos que o fenômeno da globalização iria homogeneizar as culturas do planeta. Que iria extinguir as culturas menores em detrimento das maiores e mais fortes.

Mas o que ocorreu na prática foi exatamente o contrário. A globalização veio apenas segmentar com mais força as diferenças, unindo e fortalecendo as diversidades, criando o conceito de tribos segmentados em preferências, culturas e tipos de pessoas.

O fenômeno da globalização veio conectar iguais dispersos pelo planeta formando tribos distintas globais. A chamada era da segmentação. E estas tribos como toda tribo, gostam e precisam de líderes, ou seja, em um mundo globalizado de grandes tribos, você precisa apenas saber qual é a sua, para dar voz ao seu eu e liderar. Liderar através do novos meios de comunicação digital, seja redes sociais, aplicativos, e-mails ou outros e influenciar, vender seu peixe ou sua ideia.

A partir do momento que você tem conteúdo de valor, e ele pode ser também apenas informação, você forma a sua tribo de iguais e tem um potencial grupo de clientes, desde que você saiba como empacotar para o mundo online, algo para vender.

Antigamente só se vendia muito um produto desde que você estivesse na mídia, e ela era somente rádio, televisão e jornal. Você atirava para todo lado, atingindo públicos não segmentados e tinha um baixo percentual de venda extraído de uma veiculação maciça e dispendiosa.

Vocêtube

Hoje você acerta o seu público alvo, através de suas mídias próprias como plataformas de vídeo, de foto, sociais, etc, tendo como seu principal aliado, o que seria hoje, ter a sua própria emissora de televisão grátis e com alcance mundial, sua própria Rede Globo, que é o Youtube.

Você pode pensar que não tem prática ou jeito para falar em vídeo, mas isto será apenas até você entender primeiro, que hoje se faz vídeo de qualidade até com seu celular. Segundo, que você pode não se achar uma astro belíssimo da TV, mas que sua tribo de iguais não quer um astro mas quer você falando e sendo do jeito que você é, do jeito que eles também são.

E será exatamente isto que vai criar intimidade com sua tribo para que tenham confiança para comprar sempre de você. E o número de pessoas que sua tribo pode ter, é tão grande e segmentada que será suficiente para te transformar em um milionário.

As habilidades necessárias para se realizar isso hoje são facilmente acessíveis a qualquer criança desde que interessada. Sua loja online será seu blog, seu produto ou serviço será o seu conteúdo, sua emissora de televisão será o Youtube, sua produtora de vídeo seu celular e seu computador, suas ferramentas serão as redes sociais, seu e-mail com as novas plataformas de automação que serão peças chave neste processo, e todas são relativamente simples de operar.

Os requisitos: interesse, disposição, trabalho e vontade de ganhar muito dinheiro. Os benefícios: realização, mais saúde, mais tempo e muito dinheiro.

Se você pudesse lançar um produto ou serviço hoje, o que seria? Se você fosse construir um negócio online baseado nas liberdades que falamos acima, como ele seria? Que impacto este negócio teria funcionando com as liberdades descritas, sobre você e sobre sua família?

As propostas acima além já serem realidade para milhares de pessoas no século XXI, tem entre sua razões de sucesso, exatamente funcionar porque você escolhe fazer o que mais ama na vida, algo que seja sua paixão, sua profissão nata ou mesmo seu hobby. E fazer isto utilizando todos as ferramentas e conceitos práticos trazidos pela maturidade da internet nestes anos recentes, possibilita você ganhar muito dinheiro, em pouco tempo, e de maneira automática que lhe permite ter tempo livre para você e sua família.

Hollywood, Apple e Fórmula Online

A Fórmula Online é a espetacular estratégia de marketing que utiliza ferramentas online, permitindo qualquer um vender qualquer produto ou serviço pela internet. Seu conceito encontra respaldo no novo marketing do século XXI, como o Marketing de Permissão, o Marketing de Conteúdo, entre outros conceitos novos, onde você cria valor através do conhecimento que você tem para atrair público e criar uma tribo de fiéis consumidores, através do relacionamento entre você e eles, através de estratégias de venda sequencial, com criação forte de expectativa, por meio de lançamentos de venda sucessivos, como no cinema, com pré-lançamentos.

Este sistema tem sido utilizado com sucesso pela indústria cinematográfica de Hollywood a décadas, foi empregado por Steve Jobs da Apple com seu Iphone, foi melhorado por Brandon Burchard com seu livro O Mensageiro Milionário, foi conceituado por Seth Godin em seu Marketing de Permissão e transformado por empreendedores como Jeff Walker em seu livro Lauch, entre tantos outros. Todos estes conceitos e práticas hoje são acessíveis a qualquer pessoa através da "Fórmula Online".

É um método de vendas utilizado a anos por empreendedores bem sucedidos da indústria americana, que está se tornando popular, com as novas possibilidades digitais, que as mais recentes ferramentas da internet nos trazem. Por isso seu conhecimento torna-se fundamental para todo aquele que quer transformar seu negócio para o mundo digital.

Se Perder Seu Emprego, Crie O Seu

Outra grande oportunidade recente do mundo digital é aplicar os conhecimentos da Fórmula Online, a estratégia de vender pela internet, para criar negócios digitais lucrativos que tipicamente só podem surgir neste ambiente eletrônico e que permitem ganhos rápidos, extraordinários, trabalhando relativamente pouco se comparada ao emprego tradicional.

O conceito prático da Fórmula Online é criar real valor para a vida das pessoa neste mundo globalizado em tribos. Ela faz da sua experiência pessoal, seja ela boa ou ruim, ter valor e ajudar muitos, em um mundo onde tem muita gente querendo e precisando saber o que você já sabe e estão dispostos a pagar pelo que você sabe e eles não. Com ela você aprende a escolher, empacotar e vender o seu conhecimento.

O mundo online com suas novas e eficientes ferramentas online propiciou que qualquer pessoa se torne um especialista, um guru ou um consultor, bastando que para isto obtenha conhecimento e compartilhe sua experiência no assunto que domina, fazendo o sonho de muitas pessoas se tornar realidade através de um blog, de palestras, de cursos online e lojas online que agregam valor e fazem disso grandes negócios.

A grande questão é saber o que escolher para fazer e operar estas plataformas online como blogs, redes sociais, canais de Youtube, produção de vídeos, e vendas online. Por isso tem surgido tantos cursos pela internet se propondo a ensinar o marketing e o empreendedorismo digital. Quem não entendeu ainda diz que é uma mania, moda ou febre porque não percebeu que trata-se muito mais do que uma tendência, trata-se de realidade que está enriquecendo a vida de muitos.

Hoje, sua experiência de vida ou profissional, sejam sucessos, dificuldades ou superações, desde que apresentados com qualidade, podem ser divulgados e monetizados com eficiência na rede mundial de computadores, smartphones e tablets.

A Formula Online abrange os novos princípios do marketing digital, como criar produtos informativos com preço baixo que ganham no volume, como fazer diferença na vida das pessoas consolidando clientes em tribos de seguidores que te promovem ainda mais.

Nós sempre sabemos algo que muitos ainda não sabem e querem saber, isto tem gerado um novo e bilionário sistema econômico chamado "A Industria dos Experts", ou "A Industria dos Consultores". Trata-se de um trabalho baseado no entusiasmo e no conhecimentos onde você pode trabalhar qualquer hora e de qualquer lugar, onde você recebe não pelas horas que trabalha mas pelo resultado que entrega.

O importante é percebermos o quanto somos únicos e valiosos, e entendermos que as ferramentas digitais da Era da Informação nos oferecem novas possibilidades de exploração financeira da informação, atingindo mercados antes inacessíveis. Com ela, muitas pessoas poderão dizer no final de suas vidas, se viveram os seus sonhos e conquista pessoais, ou se viveram os sonhos dos pais, professores ou familiares.

5 Passos Para Empreender Na Era Da Hiperconectividade

1 – Prepare disposição e tempo para fazer cursos modulares online e treinamentos.

2 – Libere sua criatividade. Somente conhecimento técnico não será suficiente para você vencer no século XXI

3 – Em um mundo de tribos globais, prepare-se para desenvolver relacionamentos, ninguém vence sozinho.

4 – Além de curso especifico, prepare uma reserva financeira para outros investimentos como ferramentas online, equipamentos e outros cursos periféricos.

5 – Prepare-se para desenvolver perseverança e disciplina, provavelmente você não vai acertar da primeira vez.

10. CONCLUSÃO

"É melhor arriscar coisas grandiosas alcançando triunfo e glória, mesmo expondo-se à derrota, do que formar fila com os pobres de espírito, que nem gozam muito, nem sofrem muito, porque vivem na mediocridade que não conhece vitória nem derrota".
Franklin Roosevelt

Hoje em dia você vê casos de pessoas simples, sem instrução, até mendigos, ficando ricos, vê jovens e até crianças ficando milionárias, seja na internet ou fora dela e se pergunta como você, com estudo, instrução e carreira sólida, ainda não conseguiu o mesmo feito?

A verdade é que é sim, mais fácil um mendigo ou uma criança ficar milionária do que você! Eu sei que é difícil ouvir isto mas a boa notícia é que ficar milionário está acessível a qualquer um e cada vez mais fácil. É possível reverter o seu quadro, qualquer um tem chance desde que compreenda certos princípios, hábitos e atitudes das pessoas que chegaram lá.

A maioria destes pobres e jovens que enriquecem não possuem o excesso de conhecimento muitas vezes errado que nos atrapalha a conquistar nossos sonhos. Principalmente para as pessoas de meia idade ou mais, neste inicio de século XXI, que não se integraram totalmente a vida digital, e tem mais dificuldade para compreender as infinitas possibilidades de enriquecimento que este novo século está trazendo para os instruídos online.

Riqueza E Frugalidade

Outro fator de extrema importância é que diferente do que pensamos, o retrato de um milionário é muito diferente do que a maioria das pessoas pensam. Elas associam riqueza com ostentação e todo milionário que construiu sua própria riqueza sabe bem que estes são predicados que andam em direções exatamente opostas.

Um dos maiores atributos para se enriquecer é a vida frugal que não abandonam mesmo depois de ricos. Um dos maiores trunfos para se enriquecer é o quanto mais se consegue separar para investir, e esbanjar não coaduna com este objetivo.

Desvantagem Injusta?

Alguns destes principais padrões pessoais que levam pobres sem instrução ou jovens sem experiência a ganhar milhões são:

Eles não tem nada a perder enquanto nós, mesmo também não tendo, muitas vezes achamos que temos.

Eles não sabem muitas coisas, e isto mesmo parecendo um problema para nós, muitas vezes pode ser a solução.

Eles não tem oportunidades no emprego formal, o que muitas vezes nos traz uma falsa sensação de segurança e acomodação, que nos impede a vôos realmente grandes.

Eles não tem dinheiro suficiente como muitas vezes nós também não, mas eles não sabem usar isto como desculpa.

Eles não sabem que não sabem vender, então eles simplesmente vendem até conseguir vender. Conhecimento sem aplicação não adianta nada.

Eles não sabem escalar negócios, por isso para eles torna-se óbvio executar antes de planejar, e simplesmente fazem as coisas acontecer.

Eles não ficam reclamando que não tem boas ideias. Executam as que tem, as simples que funcionam já são suficientes.

Eles não reclamam por não ter sistemas automatizados simplesmente fazendo tudo eles mesmos.

Eles não tem o menor receio do que os outros possam achar ou dizer sobre seus erros ou acertos, sabem que tudo não passa de opiniões.

Eles executam se preciso improvisando com os recursos que tem, pois sabem que "O Feito é Melhor que o Perfeito".

Eles estão acostumados a obrigação diária entre reclamar ou seguir em frente e por sobrevivência sabem qual escolher.

São movidos diariamente por fé, tem o exercício de crer no invisível, tem o exercício de que o futuro se constrói fazendo hoje.

Eles tem foco até por falta de opção, e sabem seguir em frente em direção a alvos mesmo sem planos.

A Necessidade É Mãe Da Criatividade

O resultado deste livro é fruto do interesse do autor no tema enriquecer, desde sua adolescência quando perdeu seu pai e precisou largar a faculdade para trabalhar. Sempre empreendedor e avesso ao trabalho formal, faliu algumas vezes aprendendo com muitos erros. Formou-se tarde em direito, tornou-se jornalista e consultor financeiro graduado pela Fundação Getúlio Vargas.

Após cinco anos praticamente dedicados a pesquisa sobre o tema, fazendo cursos, lendo centenas de livros sobre o assunto, principalmente literatura especializada americana em inglês, estudou na América, tornou-se empreendedor digital e investidor da Bolsa de Valores até começar a escrever sobre o assunto como forma de ajudar tantas pessoas que conhecia com problemas financeiros.

Entre as principais descobertas aprendeu que os verdadeiros milionários vivem abaixo do padrão que poderiam viver, dedicam seu tempo, energia e dinheiro para construir riqueza, acreditam que a independência financeira é mais importante que o status social, e sua riqueza não vem de heranças ou de prêmios de loteria.

Eles ensinam seus filhos a ganhar e fazer dinheiro, são especialistas em identificar oportunidades e executá-las, sabem focar seus objetivos com determinação para concretizá-los, sabem escolher suas profissões e sabem que para aprender a fazer dinheiro ou fazer o dinheiro trabalhar para eles, precisam se atualizar constantemente nutridos por informações precisas e Educação Financeira continuada.

Sabem que enriquecer é um processo contínuo e não uma condição a se alcançar. Sabem que ser rico é um estado de espírito e mental que mesmo sem dinheiro, ou se eventualmente perderem tudo o que tem, podem se reerguer de novo sempre. Creio que todas as pessoas do mundo sonham em ser ricas, fomos projetados para a abundância, fartura e segurança. Trabalhamos não para pagar contas mas para conquistar sonhos e eles crescem a medida que os realizamos.

Esta foi minha busca inalcançável por muitos anos até que alguns fatores coincidentes me levaram a encontrar as seguintes fórmulas milionárias simples, que já foram usadas com sucesso por muitos:

5 Passos Para Enriquecer No Século XXI

1 – Adapte sua maneira de pensar e seus hábitos à forma de pensar e atitudes dos ricos.

2 - Busque educação financeira e busque conhecer investimentos sofisticados das Bolsas de Valores. Aprimore seus conhecimentos em investimentos em "Como Enriquecer na Bolsa" (www.comoenriquecernabolsa.com.br)

3- Empreenda no mundo digital e aproveite as oportunidades milionárias do Era da Hiperconectividade. Saiba como vender pela internet e criar negócios lucrativos partindo do zero com a Fórmula Online (www.formulaonline.com.br).

4 - Busque mentores, leia tudo sobre as pessoas que já conquistaram riqueza, elas tem muito a ensinar sobre o tema. E não se esqueça, enriquecer é possível e é para você.

5 – Comece "Agora", se você não fizer por você, ninguém mais fará!

Bibliografia

A Receita Do Bolo – *Mauro Calil*

Desenvolva Sua Inteligência Milionária – *Robert Kiyosaki*

Investimentos À Prova De Crise – *Marcos Silvestre*

Independência Financeira – *Robert Kiyosaki*

Escola De Negócios – *Robert Kiyosaki*

Meu Vizinho Warren Buffet – *Matthew Schifrin*

Money Master The Game – *Tony Robbins*

O Mercado De Ações Em 25 Capítulos – *Paulo Portinho*

O Poder Da Educação Financeira – *Robert Kiyosaki*

O Que Os Ricos Ensinam A Seus Filhos Sobre Dinheiro – *Robert Kiyosaki*

O Que Os Ricos Sabem E Não Contam – *Brian Sher*

Os Segredos Da Mente Milionária – *T. Harv Eker*

O Que Os Ricos Sabem E Não Contam – *Brian Sher*

O Milionário Mora Ao Lado – *Thomas J. Stanley e Willian Danko*

O Investidor Inteligente – *Benjamim Graham*

Pai Rico Pai Pobre – *Robert Kiyosaki*

Profecias Do Pai Rico – *Robert Kiyosaki*

Quem Pensa Enriquece – *Napoleon Hill*

Launch – *Jeff Walker*

The Amazon Millionaire – *Dave Kettner and Robert Kiyosaki*

Think Like A Millionaire – *Donald Trump*

Success – *Napoleon Hill*

Warren Buffet E As Análises De Balanços – *Mary Buffet e D.*

Clark

Think Big And Kick Ass – *Donald Trump*

The Millionaire Messenger – *Brendon Burchard*

Marcelo Veiga, segundo a REVISTA EXAME, é um dos pioneiros do empreendedorismo digital no Brasil. Ele tem certeza que o mundo digital é a solução para transformar o seu negócio e o seu sucesso pessoal, em realidade.

Marcelo é bacharel em direito, jornalista, consultor financeiro graduado pela FGV, compositor, surfista, empreendedor digital e autor de diversos livros. Mantém diversos blogs, sites e canais no Youtube como a "TV Nordeste", a "Revista Terceira Idade, a TV Guiné-Bissau, além do seu site pessoal Marcelo Veiga sobre educação financeira e marketing digital.

Em 2012, recebeu uma bolsa de estudos para fazer um Curso de Liderança Avançada em Maui no Hawaii, USA, quando teve contato com técnicas revolucionárias de Marketing Digital". Seus livros como o "Só Não É Rico Quem Não Quer", "Fábrica de Milionários" e "Fórmula Online" falam sobre investimentos financeiros online e empreendedorismo digital. Para saber mais cadastre-se no site do autor em Marcelo Veiga, e receba dicas valiosas sobre finanças e empreendedorismo

.

Outros Livros do Autor
(Disponíveis na Amazon)

Divina Gestão Corporativa
Só Não É Rico Quem Não Quer
Fábrica De Milionários
Fórmula Online

Cursos Online do Autor

COMO ENRIQUECER NA BOLSA
www.comoenriquecernabolsa.com.br

FÓRMULA ONLINE
www.formulaonline.com.br

MARCELO VEIGA

www.marceloveiga.com.br

Made in the USA
Middletown, DE
12 April 2017